OS SEGREDOS DA BOA COMUNICAÇÃO NO MUNDO CORPORATIVO

REINALDO POLITO & RACHEL POLITO

OS SEGREDOS DA BOA COMUNICAÇÃO NO MUNDO CORPORATIVO

SUCESSO PRESENCIAL E ON-LINE!

Benvirá

Copyright © Reinaldo Polito e Rachel Polito, 2021.

Direção executiva Flávia Alves Bravin
Direção editorial Renata Pascual Müller
Gerência editorial Rita de Cássia da Silva Puoço
Edição Neto Bach
Produção Estela Janiski Zumbano e Luciana Cordeiro Shirakawa

Preparação Paula Carvalho
Revisão Mauricio Katayama
Diagramação Nelson Mitsuhashi
Capa Deborah Mattos
Imagem de capa iStock/GettyImagesPlus/Ellagrin
Impressão e acabamento Gráfica Paym

Dados Internacionais de Catalogação na Publicação (CIP)
Angélica Ilacqua CRB-8/7057

Polito, Reinaldo
  Os segredos da boa comunicação no mundo corporativo: sucesso presencial e on-line / Reinaldo Polito, Rachel Polito. - 1. ed. – São Paulo: Benvirá, 2021.
  216 p.

  Bibliografia
  ISBN 978-65-5810-016-4 (impresso)

  1. Oratória. 2. Comunicação corporativa. I. Título. II. Polito, Rachel.

20-0748	CDD 401.41
	CDU 658.45

Índices para catálogo sistemático:
Comunicação corporativa

1ª edição, janeiro de 2021 | 3ª tiragem, agosto de 2023

Nenhuma parte desta publicação poderá ser reproduzida por qualquer meio ou forma sem a prévia autorização da Saraiva Educação. A violação dos direitos autorais é crime estabelecido na lei n. 9.610/98 e punido pelo artigo 184 do Código Penal.

Todos os direitos reservados à Benvirá, um selo da Saraiva Educação.
Av. Paulista, 901 – 4º andar
Bela Vista – São Paulo – SP – CEP: 01311-100

SAC: sac.sets@saraivaeducacao.com.br

CÓDIGO DA OBRA 703583   CL 670955   CAE 745570

Eu dedico esse livro ao Ricardo (Rachel)
Eu dedico esse livro à Marlene (Polito)
E nós dedicamos esse livro à Malu (Politos)

Sumário

Dois dedos de conversa como introdução 13

A. | Identifique a sua comunicação – falada ou escrita 15

1 | Os riscos e cuidados para quem é muito extrovertido 17

2 | Os riscos e cuidados para quem é muito tímido 18

3 | Como agir se você costuma falar devagar? 19

4 | Não se preocupe com o fato de falar muito rápido 21

5 | Preste mais atenção na sua voz 22

6 | O que fazer se ficar nervoso antes de falar? 24

7 | Sem pânico! Falar em público é como uma conversa 25

8 | Vocabulário e a aproximação com o público 27

9 | Por que usar uma palavra se ela não será entendida pela maioria? 28

10 | É proibido mentir! 30

11 | Escrever se aprende escrevendo 31

12 | Por que estudar a oratória se ela pode servir para o mal? 35

13 | Quem é seu comunicador ideal? Seja como ele 38

B. | Os passos para uma boa apresentação 41

1 | O segredo para falar de improviso 43

2 | A aproximação com os ouvintes pode ou não ser vantajosa.... 44

3 | Vai projetar slides na sua apresentação? Fique atento! 46

4 | Como se decidir sobre o estilo mais adequado ao montar uma apresentação 47

5 | Pense duas vezes antes de contar uma piada para quebrar o gelo! 49

6 | Você se preparou e fez tudo certo, mas na hora H algo dá errado 51

7 | Você se prepara muito bem para sua apresentação, mas fica em dúvida na hora de escolher o que vestir? 52

8 | Como reagir a um interlocutor agressivo.................................. 53

9 | Comunicação empática... 55

10 | Como a comunicação não violenta pode ajudar você 57

11 | A oratória mudou, mas alguns oradores não 59

12 | As pessoas gostam de ouvir uma boa história....................... 61

13 | Não existe ouvinte desinteressado, mas sim orador desinteressante... 63

14 | O espetáculo ajuda a manter a atenção do público.............. 64

15 | O desespero de não ter mais assunto diante do público 65

16 | Conheça o público 67

17 | Preste atenção e ouça a voz... do silêncio!............................. 69

18 | O semblante é a parte mais expressiva e comunicativa do corpo 71

19 | A importância da leitura para falar bem em público............ 72

20 | Quem já teve de ler para uma plateia sabe que essa é uma missão difícil. Pouca gente faz isso com eficiência 74

21 | Conheça seu inimigo... 75

C. | Comunicação do dia a dia 77

1 | As pessoas gostam de falar, mas têm dificuldade de ouvir 79

2 | Suas tentativas de puxar papo acabam "no vácuo" em
segundos? 80

3 | Quer ter uma boa resposta? Faça uma boa pergunta! 82

4 | As pessoas identificam os próprios defeitos, mas têm vergonha
de falar das próprias qualidades 83

5 | Aprenda a dizer não e a confrontar quem faz mal a você 84

6 | Aprenda a hora certa de se rebelar 86

7 | O poder irresistível de um elogio sincero 87

8 | Você está entre as pessoas que costumam rir das próprias
gafes e defeitos? 89

9 | Faça um ótimo investimento sem gastar um centavo: seja
gentil! 90

10 | A importância de ser uma pessoa elegante 91

11 | Intimidade demais pode atrapalhar 94

12 | Como desenvolver um papo interessante e projetar bem a
sua imagem 97

13 | Invista no bom relacionamento com as pessoas e seja mais
feliz 102

D. | Comunicação corporativa 105

1 | Entenda as consequências da timidez e da confiança para quem fala na vida corporativa 107

2 | Saiba projetar bem a sua imagem, especialmente nas entrevistas 109

3 | Fique de olho... em você! 111

4 | Assuntos que tocam a realidade dos profissionais dão mais resultado 112

5 | Perceber uma mensagem enganosa faz parte da boa comunicação 114

6 | Quando falar ou não com eloquência na vida corporativa ... 117

7 | O pulo do gato para você ser promovido na empresa 119

8 | As conversas de bastidores podem tornar suas propostas matadoras 123

9 | A importância da boa comunicação na carreira 126

10 | Como agir quando não querem ouvir seus argumentos? 128

11 | Os caminhos da persuasão 131

12 | A história de uma velha "senhora" 134

13 | Elevator Pitch 136

14 | O poder da objetividade 138

15 | Contando histórias para comunicar bem: o storytelling 139

16 | Ingredientes de uma boa história 142

17 | Erros na utilização do storytelling 144

18 | Saiba com quem você vai falar e aumente seu poder 146

19 | Faça um briefing, mas não hesite em mudar 148

20 | Quando o preparo supera a falta de uma boa formação acadêmica 150

21 | Não tenho boa memória. Vai atrapalhar? 151

22 | Você sabia que está cada vez mais difícil fazer as pessoas se concentrarem por tempo prolongado? 153

23 | Números ou dados 154

24 | Não demonstre insegurança em suas afirmações................ 155

25 | Saiba se destacar 157

26 | Você está dizendo coisa com coisa? 158

27 | Discursos e liderança.. 161

28 | Há um distanciamento recomendável para interagir com os ouvintes... 162

29 | O mundo não terá espaço para profissionais acomodados.. 165

30 | Conheça o segredo das empresas bem-sucedidas 167

31 | Comunicação, networking e tecnologia 172

E. | Comunicação on-line 175

1 | Os passos para elaborar um treinamento gravado 177

2 | Estratégia de comunicação para um bom treinamento a distância 179

3 | O desconforto de fazer uma live 181

4 | Como preparar o conteúdo para uma live.............................. 184

5 | Os cuidados com os equipamentos para a live 186

6 | A frequência e o domínio das lives... 188

7 | A importância e os benefícios das lives 189

8 | Como fazer boas reuniões a distância.................................... 191

9 | A importância de uma boa preparação 193

10 | Você precisa gravar vídeos com qualidade ou deseja ser um youtuber? Aqui estão as dicas 198

Superdicas 205

Conclusão 211

Referências 213

Dois dedos de conversa como introdução

Este é o quarto livro que escrevemos em coautoria. Conseguimos assim, nesse trabalho conjunto, ampliar nossa capacidade de pesquisa para incluir aqui o que existe de mais atual na arte de falar. Tivemos a preocupação de abordar as mais relevantes técnicas de comunicação para que você possa se expressar de maneira correta e segura tanto nas situações presenciais quanto nas apresentações a distância.

Além das informações obtidas por meio de pesquisas, acrescentamos em cada capítulo a nossa experiência prática, que adquirimos ao longo dos anos ministrando aulas presenciais ou on-line, pois o nosso objetivo foi o de deixar à sua disposição apenas os ensinamentos que foram efetivamente comprovados em nossas próprias atividades, levando em conta o resultado da nossa experiência pessoal. Todas as técnicas sugeridas foram também experimentadas pelos milhares de alunos que frequentaram nosso curso de Expressão Verbal ao longo das últimas décadas. Os evidentes resultados em suas apresentações em público serviram como espécie de chancela para cada uma das aulas que você encontrará nestas páginas.

Embora o livro tenha como finalidade principal orientá-lo para falar de forma competente na vida corporativa, participando de reuniões, apresentando projetos, propostas, liderando equipes ou simplesmente no relacionamento com pares, subordinados e superiores hierárquicos, tivemos o cuidado de trazer algumas técnicas que podem ser usadas também nas conversas sociais e familiares. Enfim, buscamos cobrir todas as situações em que tenha de usar a palavra com desenvoltura e confiança.

Em todos os pontos discutidos fomos obstinados na tentativa de sermos objetivos e diretos. Nossa intenção é de que em pouco tempo você consiga assimilar o que realmente precisa saber sobre cada um dos temas, sem perder tempo com informações supérfluas. Por esse motivo, foi possível desenvolver um elevado número de capítulos que poderão ajudá-lo em praticamente todas as circunstâncias.

Para que você possa avaliar a sua comunicação desde o princípio em todas as áreas, dividimos o livro em cinco partes.

Iniciamos com a seção A, "Identifique a sua comunicação". Nela você encontrará informações sobre velocidade da fala, timidez, nervosismo, vocabulário, além de outras questões essenciais para desenvolver uma boa forma de se expressar.

Na seção B, "Os passos para uma boa apresentação", você terá as orientações necessárias para montar uma apresentação de qualidade, falar de improviso com competência e outras técnicas importantes em qualquer tipo de discurso.

Na seção C, "Comunicação do dia a dia", mostraremos como é importante saber conversar, desenvolver uma comunicação adequada no dia a dia e ter consciência dos erros e acertos para que se sinta mais seguro em qualquer situação.

Na seção D, "Comunicação corporativa", falaremos detalhadamente de todos os recursos e técnicas que trarão melhores resultados para a sua comunicação na vida profissional.

Por último, na seção E, "Comunicação on-line", trataremos com detalhes dessa forma de comunicação, que precisa ser encarada com muita competência. Aqui você encontrará os ensinamentos adequados para se destacar em videoconferências, lives e em todos os tipos de comunicação a distância. Apresentaremos ainda um roteiro didático para que você realize treinamentos on-line de sucesso.

Procure ler, estudar e pôr em prática cada uma das lições, seguindo as regras apresentadas, mas, como enfatizamos em várias partes do livro, considere acima de tudo suas características, seu estilo e maneira de ser. Se em determinado momento julgar que as regras devem ser desconsideradas porque talvez você tenha soluções mais adequadas, meça bem as vantagens e os riscos da sua decisão e faça o que sentir que será mais vantajoso. O que importa acima de tudo é o resultado de suas apresentações.

Os autores

Identifique a sua comunicação – falada ou escrita

1. Os riscos e cuidados para quem é muito extrovertido

As pessoas extrovertidas se sentem tão à vontade, tão seguras para se apresentar em público que às vezes negligenciam a situação e não se preparam de maneira conveniente. Em certos casos, não respeitam os ouvintes e não se capacitam de forma adequada. Assim, esses incautos dizem o que lhes vêm à cabeça e falam para as plateias como se todos os ouvintes fossem sempre iguais. Não são poucos os casos em que apresentações importantes são prejudicadas por esse tipo de descuido.

Por mais seguro e experiente que você seja, nunca vá para uma reunião sem se preparar. Vire e revire a mensagem de frente para trás e de trás para a frente. Observe muito bem a ordem que pretende seguir em sua fala. Defina como iniciar, preparar, desenvolver e concluir. Cronometre a apresentação para não ultrapassar o tempo determinado nem ficar sem informações e ter de encerrar antes. Mesmo que não ensaie, compartilhe o que vai dizer com pessoas da família ou colegas de trabalho. Dessa forma, você verbaliza o que vai expor. As palavras, a pontuação, o ritmo são diferentes para escrever e para falar. Ao conversar, poderá escolher as melhores palavras e organizar o pensamento de forma correta.

> *Relevância*: a extroversão pode ser um atributo positivo na comunicação, mas em certas circunstâncias, se cair no exagero, também pode ser prejudicial.

Quase sempre as pessoas que compõem as plateias são heterogêneas. Por esse motivo, verifique qual é a característica predominante do público e adapte a mensagem para esse perfil. Você não pode, por exemplo, falar para um público predominante jovem, que se envolve mais com mensagens que se referem ao futuro e aos desafios, da mesma forma como se comunica com um público predominantemente idoso, que é mais sensível às informações que mencionam o passado e as experiências. Lembre-se de que apresentações vitoriosas em determinado ambiente podem fracassar em outros. Tendo em vista esses riscos, por mais extrovertido que seja, e até por ter toda essa confiança, nunca deixe de se preparar. Saiba que cada apresentação é um novo desafio que precisa ser enfrentado com cuidado e responsabilidade.

Ah, e cuidado para não passar um ar de arrogância ou prepotência. É mais fácil conquistar as plateias se valendo de simpatia do que com muito conteúdo e desembaraço mas com uma imagem antipática.

> *Sugestão*: sempre associar a extroversão com simpatia, não com prepotência.

2. Os riscos e cuidados para quem é muito tímido

Ao contrário do que muitas pessoas imaginam, nem sempre a timidez se constitui um problema para quem fala em público. Um pouco de timidez, desde que o orador não seja dominado por ela, pode fazer com que ele esteja sempre muito bem preparado para tratar dos temas que precisa apresentar. Para não correr riscos, o tímido – mais do que normalmente ocorre com outras pessoas – estuda com pormenores e critério o que vai dizer e procura conhecer muito bem o público que vai enfrentar.

> *Relevância*: a timidez quase sempre prejudica a comunicação desenvolta e eficiente, mas, se controlada, pode se transformar em poderosa arma na hora de se comunicar.

Todas as pessoas precisam praticar, por mais confiantes que sejam. Se, entretanto, você for muito tímido, aproveite todas as oportunidades para treinar, principalmente diante de um grupo de pessoas. Dê suas opiniões nas reuniões, faça perguntas nas palestras, puxe conversa nos encontros sociais. Quanto mais você praticar, quanto mais experiência tiver para falar em público, mais tranquilo se sentirá. Como a pessoa tímida se prepara de maneira mais determinada, tem outra vantagem importante: está sempre pronta para as perguntas que possam surgir durante a apresentação. Agindo assim, é capaz de transformar sua timidez em um precioso recurso para se sair bem na hora de se expressar diante dos ouvintes.

Com o tempo, praticando e enfrentando diferentes oportunidades para se expressar diante de plateias, terá cada vez mais a timidez sob controle. Chegará à conclusão de que não tem de mudar, apenas precisa não se deixar abater por ser um pouco mais tímido.

Portanto, ser tímido ou extrovertido é uma característica que pode ser aproveitada de maneira positiva para se expressar em público. Como em quase todas as situações que enfrentamos na vida, o equilíbrio é o melhor caminho. Nem inibido demais, para não passar a imagem de alguém sem preparo e sem confiança, nem muito extrovertido, para não correr o risco de se sentir tão seguro a ponto de deixar de se preparar como deveria.

> *Sugestão*: trabalhar com disciplina e dedicação para controlar a inibição, transformando-a em aliada.

3. Como agir se você costuma falar devagar?

Quem fala muito devagar provoca sono nos ouvintes. Aquela fala arrastada, morosa, sem vida tira o ânimo de qualquer pessoa. Será que aquele que se expressa assim deve mudar a forma de se comunicar?

Se você se comunica falando devagar, o ideal seria tentar falar mais depressa. Se, entretanto, colocar mais velocidade na fala o fizer perder o controle do raciocínio, você correrá o risco de parecer artificial. Se essa mudança agredir suas

> *Relevância*: quem fala muito devagar pode parecer indolente e desmotivado, mas, usando técnicas adequadas, é possível transformar essa característica em algo positivo.

características naturais, você não se sentirá à vontade para transmitir a mensagem de maneira competente. Nesse caso, é preferível que continue naturalmente falando devagar.

Um dos motivos para uma pessoa falar devagar é que ela ordena as informações mentalmente enquanto se expressa. Procura prever as resistências que talvez encontre por parte dos ouvintes e planeja a maneira mais adequada para afastar essas objeções. É por isso também que costuma fazer muitas pausas entre uma frase e outra.

Essas pausas podem ser positivas, desde que bem aproveitadas. Aqui vão algumas dicas para fazer essas pausas trabalharem a seu favor:

- ¨ Continue olhando para os ouvintes durante as pausas. Assim você tem tempo para ordenar as ideias sem quebrar o vínculo com a plateia.
- ¨ Quando recomeçar a falar após uma pausa mais prolongada, aumente o volume da voz. O público vai sentir que você usou a pausa para escolher uma mensagem importante.
- ¨ Identifique se você tem o hábito de preencher as pausas com palavras e sons inúteis, como "eeentããão" ou "ãããã". Além de ser desagradável para quem ouve, isso pode tirar a força das pausas. Espere em silêncio e com paciência que logo as palavras certas aparecem. As pausas silenciosas chegam a ser envolventes, pois demonstram a segurança e o domínio do orador quanto à mensagem que transmite. Gravar suas apresentações é uma boa maneira de identificar se você emite sons estranhos durante as pausas, mas pedir um feedback de alguém de sua confiança também ajuda.

Nunca se esqueça desta sugestão: por mais que o tempo seja escasso, se falar rápido não for uma característica sua, não aumente a velocidade ao se expressar em público. Essa atitude poderá aumentar seu nervosismo e prejudicar o resultado da sua apresentação.

> *Sugestão*: manter contato visual durante as pausas, voltar a falar com mais ênfase após pausas prolongadas e eliminar o vício do "ãããã"quando parar para pensar.

4. Não se preocupe com o fato de falar muito rápido

Se em certas circunstâncias falar devagar pode ser um defeito na comunicação, falar depressa também pode ser prejudicial. Se você costuma se expressar muito rápido, procure diminuir um pouco a velocidade, pois esse ritmo mais cadenciado será mais confortável para os seus interlocutores. Sem contar que você deve ouvir com frequência a mesma recomendação: fale mais devagar. Se continuar assim, ninguém entenderá o que você diz.

Algumas pessoas, entretanto, dizem que não conseguem falar mais devagar porque pensam muito rápido – e, como pensam muito rápido, perdem a organização do raciocínio quando tentam diminuir a velocidade. Se esse for o seu caso, se a tentativa de falar mais devagar atrapalhar a boa fluência na transmissão das ideias, continue falando rápido, pois essa é a sua característica natural.

Há excelentes oradores que costumam falar muito rápido. Esse jeito de se expressar não prejudica a qualidade da comunicação deles, porque se valem de recursos que tornam agradável a maneira de falar. Alguns até brincam quando ministram suas palestras. Dizem que pagam multa por excesso de velocidade. Para que você possa continuar falando rápido, mantendo a boa qualidade da comunicação, siga estas dicas:

> *Relevância*: quem fala muito rápido corre o risco de tornar sua fala incompreensível e perder a atenção dos ouvintes, mas, se lançar mão dos recursos adequados, conseguirá tornar essa maneira de falar um estilo positivo.

¨ Capriche na dicção e pronuncie bem as palavras. Não precisa ser uma dicção perfeita, mas, se você hoje pronuncia de 10%

a 20% de um som e passar a pronunciar 60% ou 70%, já estará em condições de ser compreendido de maneira mais clara, mesmo falando rápido. Um bom exercício para melhorar a dicção é ler textos de revistas ou jornais em voz alta com um dedo ou um lápis entre os dentes.

¨ Faça uma pausa ao fim de cada raciocínio. Mesmo que pequena, essa pausa já será suficiente para que as pessoas consigam assimilar a ideia que você acabou de transmitir.

¨ Repita as informações importantes, se possível usando palavras diferentes. Dessa forma, você dará a impressão de que transmite uma nova mensagem, quando, na verdade, repete as mesmas informações, apenas com termos distintos.

Agindo assim, sua maneira rápida de falar será vista como um estilo dinâmico de comunicação, e não como defeito.

Sugestão: aprimorar a dicção. Fazer pausas no final do pensamento. Repetir as informações relevantes usando palavras diferentes.

---

5. Preste mais atenção na sua voz

Se você falar alto demais, poderá agredir os ouvintes e comprometer a atenção deles. Se, ao contrário, falar muito baixo, dificultará a compreensão da mensagem por parte do público. Quase sempre, quando o orador se expressa com volume de voz inadequado, as pessoas deixam de se concentrar em suas palavras.

Aqui vão algumas dicas para você explorar bem o volume da sua voz:

¨ Respeitando a sua capacidade vocal, ajuste o volume conforme o ambiente e o tamanho do grupo a quem se dirige. Você não deve gritar diante de poucas pessoas, assim como não pode sussurrar ao falar para uma plateia numerosa. O ideal é falar com um volume de voz um pouco superior àquele necessário para que as pessoas possam ouvir. Esse volume adicional irá demonstrar que você está envolvido e interessado na mensagem que transmite.

¨ Procure chegar com antecedência na sala de reuniões. Ainda sem ninguém no ambiente, verifique quais são os locais onde poderá se posicionar e a acústica de cada um deles. Faça rápidos testes pronunciando algumas frases ou contando até dez, por exemplo. Pequenas mudanças na sua localização costumam ajudar a aproveitar melhor a acústica da sala e a tornar a sua apresentação mais confortável e eficiente.

> *Relevância*: a voz é de fundamental importância para o sucesso da comunicação. Quem sabe usar bem a voz tem à disposição um excelente recurso para ser bem compreendido e projetar sua personalidade de forma positiva.

¨ Muitas pessoas recusam o uso do microfone, ou porque não sabem usar, ou por insegurança, já que esses aparelhos acabam por inibir quem não tem muita experiência de falar em público. Para grupos muito pequenos, mais ou menos até 10 ou 15 pessoas, o microfone pode mesmo ser dispensado, mas a partir dessa quantidade de ouvintes, quando o orador não possui muita potência de voz, deve ser usado.

¨ Diante do público, com ou sem microfone, respire naturalmente, pronuncie bem as palavras e imprima um ritmo agradável, alternando o volume da voz e a velocidade da fala.

¨ Para aproveitar o máximo potencial da voz, procure ter uma boa noite de sono na véspera de uma apresentação. Quando não dormimos bem, quase sempre, a voz fica frágil e sem vida.

¨ Todas as vezes em que se apresentar em público, procure ouvir a própria voz. Se falar com microfone, analise a possibilidade de deixar alguma caixa de som voltada em sua direção para que possa se ouvir.

> *Sugestão*: adaptar o volume da voz a cada tipo de ambiente. Usar o microfone de maneira correta, deixando-o um pouco abaixo da boca. Ficar posicionado em um local que permita ouvir bem a própria voz.

6. O que fazer se ficar nervoso antes de falar?

Você está prestes a iniciar uma apresentação. O ambiente é familiar – afinal, você já participou de muitas reuniões nesse mesmo local. De repente, começa a sentir borboletas voando no estômago, as ideias ficam embaralhadas, você passa a tremer e a suar frio. Por que surge esse desconforto? Onde foram parar sua calma e sua segurança? O que fazer para contornar essa situação?

> *Relevância*: o nervosismo exagerado antes de falar pode comprometer o resultado da apresentação e prejudicar a imagem do orador.

Não se preocupe. É normal que os primeiros instantes de qualquer apresentação em público sejam os mais tensos. O que você precisa é ganhar tempo para queimar o excesso de adrenalina no organismo. Veja algumas dicas:

- Se estiver segurando um roteiro ou papéis com anotações, dê uma ajeitada nas folhas. Veja se estão em ordem e leia mentalmente uma frase ou outra. Dica: mesmo que as folhas estejam na ordem certa, aja como se as estivesse organizando. Afinal, você precisa ganhar esse tempo precioso.
- Se houver um microfone apoiado em uma haste, ajuste a altura, sem pressa.
- Tome um pouco de água. É muito comum os oradores beberem água para hidratar e lubrificar a boca. Vale a mesma recomendação dos papéis: beba água mesmo que não esteja com sede.

- Se houver pessoas conhecidas assistindo à apresentação, principalmente se estiverem compondo uma mesa diretora, cumprimente-as uma a uma em voz alta. Além de ganhar alguns bons segundos, ao citar os nomes você já vai se acostumando com o som da própria voz.
- Se as suas mãos estiverem tremendo, encontre um apoio para elas. Pode ser uma mesa, o espaldar da cadeira e até a haste do microfone. À medida que se sentir mais confortável poderá soltar as mãos.
- Comece falando mais devagar e mais baixo para não demonstrar sua instabilidade. Solte a voz quando se sentir à vontade.
- Em uma reunião, se estiver muito nervoso, prefira falar sentado. Isso o deixará mais confiante, já que terá a mesa como proteção, apoio para os braços e para suas anotações. Depois de algum tempo, se sentir que está seguro, nada impede que você se levante e continue falando em pé.

> *Sugestão*: ganhar tempo para queimar o excesso de adrenalina. Para isso, acertar, sem pressa, a altura do microfone, organizar a sequência das folhas de anotações, começar a falar mais devagar e mais baixo e encontrar um apoio para as mãos.

7. Sem pânico! Falar em público é como uma conversa

Sabe qual é problema da maioria das pessoas quando precisam falar em público? Por incrível que pareça é que tentam "falar em público". Assumem um comportamento rígido, afetado, artificial, muito diferente de como se apresentam no dia a dia, quando estão conversando com amigos, colegas de trabalho ou familiares.

Quando estiver na frente do público para transmitir uma mensagem, imagine sempre que está conversando de maneira animada com dois ou três amigos bastante íntimos na sua casa. E, quando estiver falando, pergunte a você mesmo: será que diante desses meus amigos eu falaria da forma como estou fazendo agora? Se a resposta for negativa, ajuste a maneira de se expressar até que possa dizer que é assim que falaria com eles. Esse é o estilo que deverá ser adotado para falar em público. Apenas ponha um pouco mais de ânimo e envolvimento para que a fala tenha mais dinamismo e possa tocar de forma mais efetiva o sentimento dos ouvintes.

Com esse comportamento você começará a tirar o peso da responsabilidade de ter de falar em público. Com o tempo passará a perceber que não terá nada a ganhar se levar muito a sério esse momento diante da plateia. A não ser nas situações em que deva tratar de assuntos muito pesados, falar em público deve ser um instante de prazer.

O fato de não levar tão a sério o momento de falar em público não significa que deva se comportar de maneira negligente, descompromissada. Ao se apresentar diante dos ouvintes precisará estar bem preparado, com domínio total do assunto que irá expor. Só não precisa sofrer por estar ali.

> *Relevância*: falar em público como se estivesse conversando de maneira animada com pessoas mais íntimas deixará a fala ainda mais natural.

Essa descontração fará com que você corrija erros ou equívocos sem se pressionar, exatamente como faz quando está conversando com pessoas conhecidas. Tenha sempre em mente que quanto mais conseguir ser você mesmo diante do público, mais seguro e eficiente estará para transmitir sua mensagem.

Quase sempre quando alguém ouve essa sugestão pensa que ser ele mesmo diante da plateia é bastante simples. E é mesmo. Só que para atingir esse nível de comunicação são necessários muito treinamento e prática. Não é um aprendizado que exigirá muito tempo, mas sim dedicação e disciplina.

> *Sugestão*: perguntar-se sempre: "Se estivesse conversando sobre esse tema de maneira animada com amigos e familiares, eu falaria desse jeito?". A partir desse questionamento, é preciso acertar o estilo de comunicação até que a resposta seja positiva.

8. Vocabulário e a aproximação com o público

A naturalidade é muito importante para uma boa comunicação, e ser espontâneo pode fazer com que a mensagem seja transmitida com mais credibilidade. No entanto, ser natural não significa ser displicente, assim como não implica o uso do mesmo tipo de linguagem e vocabulário para todos os públicos. A linguagem deve ser adequada para que o ouvinte se aproxime do orador, da mensagem e do objetivo da apresentação.

Por exemplo, se você estiver em uma reunião com amigos, a linguagem deve ser apropriada a esse ambiente. Em momentos descontraídos como esse cabem gírias e, em alguns casos, até mesmo palavrões.

Se estiver em uma reunião corporativa descontraída, por mais informal que seja o encontro, o vocabulário mais rasteiro deve ser afastado. Entretanto, se você se expressar de maneira muito formal, ainda que seja no ambiente corporativo, poderá passar a impressão de que está numa tribuna fazendo um discurso, e não ali conversando com os colegas de trabalho.

> *Relevância*: o vocabulário adequado ao tipo de público facilita a compreensão da mensagem e ajuda a manter a atenção dos ouvintes.

Se você for um gestor, lembre-se de que utilizar uma linguagem solta e descontraída em algumas reuniões do dia a dia pode fazer com que os funcionários se sintam mais à vontade para manifestar suas opiniões e contribuir sem reservas com informações e ideias. Por outro lado, se o evento se cercar de características mais formais, ainda que a fala deva ser sempre natural, será preciso respeitar as exigências da ocasião. Portanto, a linguagem pode ser formal e espontânea ao mesmo tempo.

Também devemos adaptar a linguagem de acordo com a faixa etária dos ouvintes. Se o vocabulário utilizado for constituído de palavras que surgem de modismos, sendo o interlocutor uma pessoa mais velha, talvez ele tenha dificuldade para compreender a mensagem e, por isso, deixe de prestar atenção. Da mesma forma, os mais jovens podem julgar aquele que fala como sendo muito antiquado, apenas pelo seu tipo de vocabulário. Essa falta de adequação pode comprometer o resultado da apresentação. Em situações como esta há o risco até de que a pessoa seja vista como ultrapassada, e que por não ser atualizada não estaria em condições de, por exemplo, oferecer determinado serviço para a empresa.

Por isso, não se esqueça: naturalidade sempre, mas com adaptação de linguagem de acordo com o público e a circunstância.

> *Sugestão*: adaptar o vocabulário de acordo com as características predominantes da plateia, levando em conta a faixa etária, o nível intelectual e o conhecimento dos ouvintes.

9. Por que usar uma palavra se ela não será entendida pela maioria?

As palavras se constituem no dorso por onde caminha o pensamento. Se os termos forem de fácil compreensão, o pensamento fluirá solto e suave até os ouvintes. As pessoas compreenderão a mensagem sem esforço e sem riscos de interpretação equivocada.

Cada tipo de plateia exige um vocabulário apropriado. Só se admite o emprego de jargões profissionais ou vocabulário técnico diante de pessoas que estejam devidamente familiarizadas com eles. Mesmo dentro da própria empresa, profissionais de áreas distintas nem sempre estão devidamente preparados para compreender termos específicos de uma ou outra área.

Assim sendo, o vocabulário técnico deve ser reservado apenas para os profissionais que estejam acostumados com as palavras e expressões da sua área de atividade. Nessas circunstâncias, esses termos não apenas facilitarão a compreensão dos ouvintes como poderão atestar a competência do profissional que se apresenta.

Em situações onde as pessoas tenham dificuldade de compreender termos técnicos, se tiver de empregar alguma palavra ou expressão que exija formação específica, procure traduzi-la por outra de mais fácil compreensão. Nessas circunstâncias você terá de se expressar em linguagem simples, para que todos compreendam seu significado. Com esse cuidado você evitará que ocorram "ruídos" na comunicação. Tome cuidado com o público heterogêneo. Embora estejam presentes pessoas que entendem o vocabulário técnico, haverá outras que muito pouco ou nada sabem sobre esses termos. Nesse caso, é prudente evitar os excessos.

Por exemplo, se for da área da Saúde e tiver de conceder entrevista para uma emissora de rádio ou televisão, como irá se comunicar com público bastante heterogêneo, diga "dor de cabeça" em vez de "cefaleia". Da mesma forma, se for da área do Direito, não fale "impetrar", mas sim "pedir" ou "recorrer". Se for da Administração ou da Publicidade, troque "budget" por "orçamento".

> *Relevância*: a palavra é o dorso por onde caminha o pensamento até chegar ao ouvinte. Palavras incomuns não cumprem esse papel fundamental para a boa comunicação.

Lembre-se: o mais importante não é demonstrar seu conhecimento técnico, mas fazer com que todos compreendam sua mensagem.

> *Sugestão*: usar sempre um vocabulário que possa ser compreendido pela maioria das pessoas. Normalmente são aquelas palavras usadas no dia a dia.

10. É proibido mentir!

As pessoas mentem. Estudos realizados pelo pesquisador David Livingstone Smith, na obra *Por que mentimos: os fundamentos biológicos e psicológicos da mentira*, mostram que uma pessoa chega a contar três mentiras a cada dez minutos. Mesmo que essa pesquisa esteja equivocada, há muita mentira rolando por aí. E o pior da história é que, de maneira geral, pouca gente consegue perceber quando alguém está mentindo.

Por isso, sabendo que dificilmente serão apanhados, muitos se arriscam a mentir. Mas há mentiras e... mentiras. Aquelas inocentes, que não prejudicam ninguém, que servem apenas para contar vantagem ou não ferir os sentimentos do outro, ainda passam. O problema são as que agridem ou são contadas com objetivos desleais ou criminosos. Por exemplo, para prejudicar a imagem de uma pessoa ou levar vantagens indevidas.

> *Relevância*: mentiras e omissões tiram a credibilidade do orador. Uma informação que não seja verdadeira, por mais insignificante que possa parecer, pode comprometer toda a mensagem.

Não é tão incomum profissionais darem uma turbinada indevida em suas qualificações. Inventam competências que passam longe de suas formações e experiências que nunca tiveram. Por exemplo, dizer que lideraram equipes ou superaram metas sem que esses fatos tivessem ocorrido.

Não há nenhum mal em você destacar no seu currículo ou na entrevista algumas de suas competências que sejam adequadas às funções da vaga para a qual esteja se candidatando. Talvez essa seja até uma obrigação de sua parte. Afinal, além de serem informações verídicas, o empregador precisa saber até que ponto poderá contar com o profissional que pretende contratar.

Por outro lado, carregar nas cores ou mentir sobre suas qualificações pode ser fatal para sua reputação. Se uma informação falsa for descoberta, suas chances terão desaparecido. Sem contar que se por acaso você for contratado e esses conhecimentos forem exigidos para o desenvolvimento de suas tarefas, ficará evidente que mentiu. Provavelmente não passará do período de experiência.

Portanto, pense bem, muito bem antes de inventar informações a seu respeito. Você até poderá construir um belo castelo, mas um castelo de areia, que ruirá muito rapidamente.

A experiência mostra que, de maneira geral, contar mentiras exige praticamente o mesmo esforço que contar verdades. Analise com cuidado as informações a seu respeito que pretende transmitir. Se puder valorizar uma ou outra com dados adicionais, sem que se transformem em falsidade, vá em frente, mas sempre tome cuidado com os exageros.

Sugestão: conhecer o assunto em profundidade e se ater àquilo que domina.

---

11. Escrever se aprende escrevendo

> *"A sintaxe é uma questão de uso, não de princípios. Escrever bem é escrever claro, não necessariamente certo. Por exemplo: dizer 'escrever claro' não é certo, mas é claro, certo?"*

Luis Fernando Verissimo

Se você acredita que se comunica melhor escrevendo do que falando, também precisa estudar e se aperfeiçoar.

Quem escreve com regularidade, vez ou outra, experimenta uma sensação de "torpor", que é aquele sentimento de quase impotência que pressiona o escritor quando este está diante da tela branca do

---

Relevância: saber escrever bem é um diferencial em qualquer tipo de atividade. Quem tem boa redação demonstra preparo e boa formação.

computador. Em épocas idas, era o "dilema da página em branco", de uns anos para cá passou a ser o "dilema da tela branca".

Com o tempo, se aprende que, por mais vazia que pareça estar a cabeça, nossa capacidade criativa é ilimitada. Às vezes parece que não vai dar em nada. Experimenta um tema aqui, outro ali, e logo entra em ação as teclas delete ou backspace. Mais algumas tentativas e tudo volta ao ponto de partida, com o cursor piscando "impaciente", como que dizendo: "E aí, vai ou não vai?".

Cedo ou tarde, as ideias surgem

De repente, até pela associação dos assuntos que haviam sido dispensados, surge a ideia que teimava ficar escondida lá nas profundezas do cérebro. Descoberto o tema, é como se uma porta iluminada se abrisse, pois as ideias vão se sucedendo como que por encanto. E, quando nos damos conta, estamos exultantes colocando um ponto final naquela "aventura intelectual".

Há outras situações, entretanto, em que o assunto já está amadurecido, ou pela leitura de algum livro, jornal, revista, ou devido a uma conversa com pessoas do nosso relacionamento. Todos os fatos, por mais insignificantes e corriqueiros que possam parecer, acabam servindo para o desenvolvimento de uma ideia que valha a pena compartilhar. Nem sempre é o fato em si, mas seu papel de "gatilho", que desperta o raciocínio por caminhos inimagináveis.

Essa fluência na escrita só se consubstancia com a prática. Não há dúvida de que escrever se aprende escrevendo. Quem guarda seus primeiros escritos, ao relê-los depois de algum tempo, constata que concluir uma única página foi quase um sofrimento. Precisou refazê-la inúmeras vezes porque surgiam frases truncadas, palavras repetidas, falta de ligação na sequência do pensamento. Afirmam alguns escritores que, muitas vezes, ficava mais fácil escrever tudo novamente a tentar fazer as correções.

Estude e escreva

Essas considerações não devem servir para desanimá-lo, e sim para incentivar você que deseja escrever, mas sente algum tipo de dificuldade. O começo normalmente é sempre muito difícil, quase desesperador, mas com prática, disciplina e persistência os textos vão surgindo naturalmente. Sempre haverá os instantes de dúvida, aqueles momentos em que somos pressionados pelo "dilema da página em branco". A experiência nos ensina que basta insistir um pouco para que as ideias que teimavam em se esconder sejam resgatadas de lugares que nem imaginamos. Ah, cuidado também com o "dilema da página preta", que se caracteriza pela dificuldade de pôr um ponto-final no texto. Alguns escritores afirmam que chega a ser mais penoso encerrar que iniciar um texto. Sempre surge uma nova e interessante informação que deve ser acrescentada, e assim a conclusão vai sendo postergada indefinidamente. Em determinado momento é preciso criar coragem e declarar o fim.

Para começar a escrever, nossa sugestão é que, antes de mais nada, leia bons livros que ensinam a fazer redações. Estude bem as obras e faça os exercícios recomendados. Se já for experiente e desejar escrever livros, há alguns muito bons que poderíamos recomendar, entre eles *Cartas a um jovem escritor*, de Mario Vargas Llosa.

Feita essa lição de casa, comece a escrever sem intenção de publicar os textos. Escreva apenas para praticar. Aja como se estivesse na escola fazendo redações. Redija 20, 30, 50 textos. Quanto mais escrever, melhor. Você vai notar altos e baixos na sua habilidade de escritor. Em certos momentos, o texto sairá sem atropelos, desde o início até o final. Em outros, ficará enroscado. É preciso fazer muitas tentativas para concluir a redação. Vai constatar, entretanto, que a sua habilidade será sempre ascendente.

Esse é um aprendizado que não tem fim. A cada dia você encontrará novos atalhos para tornar seus textos mais atraentes. Com o tempo, identificará qual é o seu estilo como escritor. E essa será uma de suas maiores descobertas, pois se firmará como uma espécie de marca registrada da sua produção literária. Guarde tudo o que escrever, de preferência com os erros cometidos. Esse histórico poderá ser muito útil no seu aprendizado.

Monte um blog

Para dar um pouco mais de seriedade ao que escrever, e se familiarizar com comentários de terceiros, monte um blog e publique ali tudo o que julgar interessante. Dessa forma, poderá ter um feedback dos leitores, e, a partir dessas opiniões, ajustar o rumo dos seus textos. Não desanime diante de críticas mais severas, pois a maioria carece de fundamento. Não deixe, entretanto, de analisar bem todas as opiniões. Retire de cada uma o que puder ser importante para o seu aperfeiçoamento.

Se encaminhar um texto para uma editora e eles fizerem a revisão, não se assuste com a quantidade de correções. Se devolverem com marcações em vermelho, será ainda mais traumatizante. É assim mesmo. Cada revisor que puser a mão no texto vai sugerir inúmeras modificações. Se for erro mesmo, agradeça e acate sem discutir. Se for sugestão de estilo, pondere antes de aceitar. Geralmente eles têm razão, mas às vezes é só questão de gosto. Como o texto é seu, fique com a versão com a qual se sentir mais feliz. Daqui a dez ou vinte anos você nem se lembrará mais quem foi o revisor, mas o texto permanecerá ali com o seu nome. A responsabilidade será sua.

Se você tiver preferência por escrever textos voltados à sua área profissional, utilize plataformas como o LinkedIn para a publicação. Dessa forma, você vai acumulando experiência, reunindo material e, de quebra, consegue relevância nas suas redes profissionais.

Tomara que essas reflexões tenham servido para motivá-lo a iniciar a vida como escritor ou, em alguns casos, incentivá-lo a retirar as antigas anotações da gaveta e retomar o caminho da produção literária. Se tomar essa iniciativa, desejamos que seja muito feliz com o resultado. Sem contar que aquele que escreve bem irá se destacar na carreira e projetar uma imagem profissional positiva. Uma boa redação pode identificar o preparo e o conhecimento de quem a produziu. Enquanto que um texto truncado, sem estrutura, com incorreções gramaticais pode revelar exatamente o oposto: falta de educação formal e despreparo intelectual. Portanto, nesses tempos em que estamos sempre escrevendo por causa das redes sociais, saber redigir um bom texto é fundamental para construir uma boa reputação na carreira e na vida pessoal.

Sugestão: desenvolver o hábito de escrever com frequência e montar um blog para publicar textos e receber feedback dos leitores.

---

12. Por que estudar a oratória se ela pode servir para o mal?

Certa vez, conversávamos com um de nossos alunos, que estava junto com a mulher. Em determinado momento, ele disse que desejava muito que a filha fizesse o curso conosco. A mulher, depois de hesitar por alguns instantes, disse com voz firme: "Acho que não. Não gostaria que ela fizesse um curso que ajuda a mentir".

> *Relevância*: por melhor que seja a pessoa, se ela não souber se expressar bem, deixará para os maus o protagonismo das ações.

Ficamos chocados. Jamais imaginamos que alguém pudesse ter esse tipo de opinião. De lá para cá, de forma mais ou menos contundente, vez ou outra ainda constatamos que algumas pessoas se manifestam com um ponto de vista semelhante. Dizem, por exemplo, que os políticos são mentirosos contumazes e que aprenderam técnicas para agir assim.

Não há como negar que as técnicas da oratória podem servir tanto para o bem como para o mal. Foi a palavra que promoveu a paz, fazendo com que povos que viviam digladiando passassem a conviver em harmonia. Foi a palavra também que levou povos a iniciarem guerras que dizimaram populações inteiras.

Em nossas pesquisas para o livro *Oratória para líderes religiosos*, nos deparamos com uma informação curiosa enquanto folheávamos a 6ª edição do livro *Lições elementares de eloquência nacional*, de Francisco Freire de Carvalho, publicada em 1861. Na abertura da obra, encontramos uma anotação feita à mão em 1890. Reproduzia um trecho do livro *Doutrinas cristãs*, de Santo Agostinho. Uma preciosidade! Nesse texto, Santo Agostinho faz a defesa do estudo da retórica. Explica que é a arma que temos à disposição para combater o mal e a mentira. É uma mensagem tão excepcional que usamos na conclusão do livro:

> É um fato que, pela arte da retórica, é possível persuadir o que é verdadeiro como o que é falso. Quem ousará, pois, afirmar que a verdade deve enfrentar a mentira com defensores desarmados? Seria assim? Então, esses oradores, que se esforçam para persuadir o erro, saberiam desde o proêmio conquistar o auditório e torná-lo benévolo e dócil, ao passo que os defensores da verdade não o conseguiriam?

Depois de levantar até de forma irônica esse questionamento, Santo Agostinho repete o argumento com termos diferentes, mostrando-se indignado ante a vantagem de quem usa a palavra para o mal sem ser contestado, já que os oponentes não estariam capacitados para a defesa do bem e da verdade:

> Aqueles apresentariam a verdade de maneira a torná-la insípida, de difícil compreensão e finalmente desagradável de ser criada? Aqueles, por argumentos falaciosos, atacariam a verdade e sustentariam o erro, e estes seriam incapazes de defender a verdade e refutar a mentira?

Com afirmações mais contundentes, resvalando no patético, ainda mais indignado, Santo Agostinho insiste na defesa de sua tese. Observe como suas palavras, sem abandonar o tom irônico, são agora mais duras. Se havia alguma dúvida sobre suas ponderações, este seria o golpe final:

> Aqueles, estimulando e convencendo por suas palavras os ouvintes ao erro, os aterrorizariam, os contristariam, os divertiriam, exortando-os com ardor, e estes estariam adormecidos, insensíveis e frios ao serviço da verdade? Quem seria tão insensato para assim pensar?

Finalmente, após impregnar a mente do leitor com a força de seus argumentos, conclui com uma reflexão. Ora, se os leitores aceitaram suas alegações iniciais, as chances de que chegassem à conclusão que pretendeu seriam maiores. Para que não ficasse dúvida, entretanto, assim que termina a reflexão, ele expõe o que poderá ocorrer se a defesa da verdade e das boas causas não prevalecer:

> Visto que a arte da palavra possui duplo efeito (o forte poder de persuadir seja para o mal, seja para o bem), por qual razão as pessoas honestas não poriam seu zelo a adquiri-la em vista de se engajar ao serviço da verdade? Os maus põem-na ao serviço da injustiça e do erro, em vista de fazer triunfar causas perversas e mentirosas.

Assim devemos encarar o estudo da oratória. Esse é e sempre deverá ser o percurso no estudo da retórica. Precisamos desenvolver a arte de falar em público com afinco e determinação para que possamos nos capacitar para enfrentar a falsidade, a mentira e a dissimulação. Caso contrário, aqueles que a dominarem para o mal, sem encontrar adversários à altura, farão prevalecer suas teses.

E não apenas as grandes maldades, mas principalmente aquelas que nos cercam no dia a dia, no relacionamento social ou nas atribulações da vida corporativa. Quantos projetos excelentes são recusados porque receberam de seus opositores ataques mentirosos ou equivocados e seus defensores não foram capazes de refutar as posições contrárias?

Os trabalhos, ideias, projetos, propostas e tarefas só conseguirão êxito se forem defendidos de forma competente. Por mais elevada que seja uma causa, por si, apenas a força da sua correção talvez não seja suficiente para afastar os que se opõem a ela. Precisam quase sempre contar com o apoio da boa comunicação para que atinjam seus objetivos.

> *Sugestão*: desenvolver a comunicação de tal maneira que consiga ter argumento para combater aqueles que não possuem boa conduta.

13. Quem é seu comunicador ideal? Seja como ele

Você será sempre o melhor exemplo para si mesmo. Se tentar copiar o estilo de outro orador, por melhor que consiga fazê-lo, nunca passará de uma boa cópia. Se, entretanto, desenvolver e aprimorar as suas próprias características de comunicação, por pior que sejam, atingirá o melhor nível de comunicação que poderia pretender. Portanto, procure ser sempre você mesmo, nunca tente ser outra pessoa, por mais admiração que tenha por ela.

> *Relevância*: nada é mais importante na comunicação do que desenvolver seu próprio estilo. É possível, entretanto, aprender com os bons oradores e extrair de cada um o que pode ser adequado ao seu estilo pessoal.

Nada impede, entretanto, que busquemos nos bons oradores exemplos que ajudem a aprimorar o nosso próprio estilo. Sem violentar a nossa forma de ser, podemos, por exemplo, encontrar uma maneira mais eficiente de construir argumentos poderosos e persuasivos. Quantas pessoas que permaneciam estáticas na frente do público descobriram, a partir da observação de quem encantava plateias com suas apresentações, que esse sucesso ocorria por causa de seus deslocamentos adequados na frente do auditório?

Na vida corporativa podemos observar bons exemplos de ótimos comunicadores. Talvez não sejam oradores excepcionais, daqueles que magnetizam plateias, mas são perfeitos no ambiente em que se apresentam. A projeção firme de sua personalidade, a correção da estrutura da fala, sempre coerentes do princípio ao fim, os exemplos adequados, usados sempre no contexto do tema e associados ao mundo dos negócios, e tantos outros aspectos poderiam ser assimilados por você, sem que corrompessem a sua maneira de falar. Você incluiria um ou vários desses itens na sua forma de se comunicar, sem comprometer sua espontaneidade.

Outro aspecto relevante da comunicação que também pode ser aprimorado a partir da observação de outros oradores é a objetividade. Cada vez mais os profissionais precisam expor suas ideias de maneira rápida, completa, objetiva e eficiente. As pessoas estão sempre muito atarefadas, ocupadas e apressadas para ouvir por tempo prolongado. Portanto, se você tem o hábito de esticar desnecessariamente suas explicações, analise como os profissionais da sua empresa que são admirados pela qualidade da comunicação conseguem ir direto ao ponto sem deixar de apresentar os tópicos mais importantes do que precisam transmitir.

Esse é o caminho: observar os bons oradores, extrair deles o que apresentam de positivo, mas sem perder a sua própria maneira de se expressar.

Sugestão: não copiar a maneira de falar dos oradores, por melhores que sejam. Desenvolver seu próprio estilo. Aproveitar os exemplos de quem fala bem para aperfeiçoar a sua forma de se comunicar.

Os passos para uma boa apresentação

1. O segredo para falar de improviso

Por que será que algumas pessoas conseguem se sair tão bem quando precisam falar de improviso? A verdade é que esses oradores não estão ali diante do público inventando informações, mas sim recorrendo a técnicas que permitem se apresentarem com desenvoltura.

Se você for pego de surpresa, saiba quais são as saídas para se ter sucesso ao falar de improviso.

Antes de entrar no assunto principal, que será o objetivo da sua apresentação, comece a falar sobre algum tema que você domine: sua profissão, seu hobby, uma passagem do livro que está lendo ou tenha lido, a cena de um filme que tenha sido marcante, uma viagem interessante que tenha realizado, um acontecimento doméstico.

Enfim, escolha qualquer tema sobre o qual você possa falar com desenvoltura por um determinado tempo enquanto planeja mentalmente a sequência da apresentação. Esse recurso permite que você organize os pensamentos enquanto estiver falando, e o ajuda a se sentir mais confiante.

> *Relevância*: em qualquer tipo de atividade sempre há uma ou outra circunstância em que a fala de improviso de torna necessária. Quem sabe improvisar conquista admiração e respeito.

Depois desse momento inicial falando sobre o assunto que domina, faça a ligação com o tema da sua apresentação. Se a ligação desse tema introdutório com o assunto principal for bem feita, parecerá ao ouvinte que se tratou o tempo todo de um único tópico. Por exemplo, se tivesse de falar sobre "educação", seria possível desenvolver antes uma história relacionada à sua época de estudante, ou as coincidências que o levaram a escolher a faculdade que resolveu cursar. Nesse caso, caberia até uma comparação com a qualidade de ensino da época em que frequentou os bancos escolares com o momento atual.

O público não perceberá o artifício e terá a impressão de que você tem domínio do assunto todo, quando, na verdade, você conhecia muito bem o tema escolhido para iniciar, e tinha, talvez, apenas algumas informações sobre o assunto principal da sua exposição.

Além dos assuntos sugeridos para usar como apoio antes de entrar no tema principal, você pode mencionar notícias curiosas que tenha lido nos jornais ou ouvido no rádio, fazer referências a conversas que tenha mantido com as pessoas antes de se dirigir para a sala de reunião.

Em resumo: você fala sobre um assunto do seu conhecimento, que domine com profundidade, e em seguida faz a ligação com o tema que precisa apresentar. Assim passará a impressão de ter conhecimento de toda a matéria e se sairá bem no desafio da fala de improviso.

Sugestão: ir para os eventos pensando sempre no que poderia dizer caso fosse chamado para falar de improviso. Mesmo que o fato não ocorra, esse preparo é um bom exercício de comunicação.

---

2. A aproximação com os ouvintes pode ou não ser vantajosa

O bom orador é aquele que consegue falar para uma plateia de 300 pessoas com a mesma leveza e espontaneidade com que se apresenta diante de pessoas conhecidas, do seu relacionamento.

Relevância: ter consciência da aproximação ideal com os ouvintes permite que o orador mantenha sua aura pelo distanciamento e seja simpático e envolvente pela proximidade.

De maneira geral, quanto mais conhecido for o público mais à vontade se sentirá o orador, e mais fluente será a sua comunicação. Há exceções. Algumas pessoas preferem falar para plateias desconhecidas. Dizem que, ao se apresentar para ouvintes do seu relacionamento, por mais à vontade que estejam, o fato de estarem falando em público as deixam afetadas

e até artificiais. Por isso, quem as conhece sabe que não estão sendo espontâneas, e, por esse motivo, ficam desconfortáveis.

Além da preocupação desses poucos oradores em se manter afastados dos ouvintes, estar muito próximo e à vontade diante da plateia é uma situação que, às vezes, chega a ser perigosa para quem fala em público. Deteriora um pouco a "aura" criada pelo distanciamento. O ideal é se mostrar próximo, para ser bem recebido, mas ao mesmo tempo distante, para manter a admiração.

Se fizermos uma associação com *A obra de arte na era de sua reprodutibilidade técnica*, do sociólogo e filósofo Walter Benjamin, talvez possamos encontrar uma linha de entendimento nesse fenômeno. Para o pensador alemão, a reprodutibilidade provocou uma deterioração da "aura" das obras de arte. Esse esgarçamento também pode ocorrer com a demasiada aproximação do orador com os ouvintes.

Essa linha imaginária é difícil de ser identificada, mas o fato de saber que um certo distanciamento do orador com os ouvintes pode ser benéfico para preservar e fortalecer sua autoridade já pode ser um indicador dos caminhos a seguir. Se você perceber, por exemplo, que o nível do vocabulário está caindo, quase tocando as expressões mais vulgares, ou que a postura se tornou negligente, pelo excesso de confiança produzido pela aproximação com o público, talvez seja o momento de se resguardar para que a sua "aura" não seja atingida.

Algumas condutas estimuladas pelo excesso de aproximação, e que, de maneira geral, devem ser evitadas: se vangloriar falando de suas "grandes" qualidades e façanhas, de suas conquistas materiais ou relatar com detalhes suas doenças e acidentes. Esses e outros comentários semelhantes podem minar a autoridade de quem se apresenta em público. Da mesma forma, jamais faça comentários que depreciem ou provoquem desconforto nos demais participantes, como aqueles sobre calvície, estatura, obesidade, ou qualquer característica que possa constranger as pessoas. Prefira contar histórias interessantes, bem contextualizadas e que tenham a ver com o tema do encontro. Sua "aura" agradece.

> *Sugestão*: não brincar demais, para não correr o risco de cair na vulgaridade. Não se afastar em demasia para não perder o contato com o público. Só o fato de pensar nesse assunto já ajuda a determinar a aproximação ideal.

3. Vai projetar slides na sua apresentação? Fique atento!

Um recurso visual só deve ser utilizado se atender a três objetivos:

- Destacar as informações relevantes.
- Facilitar o acompanhamento do raciocínio.
- Possibilitar que os ouvintes se lembrem de mais informações por mais tempo.

Se um desses objetivos não puder ser atingido, o recurso visual deve ser descartado.

> *Relevância*: recursos visuais permitem que os ouvintes acompanhem a mensagem com mais interesse, destacam as informações relevantes e permitem que o assunto seja guardado pelo público por mais tempo.

O uso de recurso visual ajuda muito no processo de compreensão e retenção das informações por parte dos ouvintes. Basta dizer que se a apresentação for realizada apenas verbalmente, depois de três dias os ouvintes vão se lembrar de 10% do que foi transmitido. Se essa apresentação for feita com auxílio de recursos visuais, depois do mesmo tempo os ouvintes vão se lembrar de 65% do que foi exposto. É uma diferença considerável.

Apresentações com muitas telas tornam a exposição bem ordenada e esquematizada e se constitui em ótimo apoio para o expositor não se perder. Em certas circunstâncias, entretanto, pode tirar liberdade dele para interagir com o público e impedir que faça alterações no rumo da palestra, o que pode limitar e prejudicar o desempenho do orador.

Siga estas dicas para se sair bem:

- Não mostre textos longos com letras pequenas. Siga a regra 7 × 7. Sete linhas com sete palavras cada. Se usar um pouco mais ou um pouco menos não haverá problema. Essa medida é apenas para você se orientar.
- Deixe clara a diferença entre o que é um título, o que é um tópico e o que é um dado ou uma informação de destaque. Indique com cores e tamanhos distintos de letras. Cuidado para não misturar tipos diferentes de fontes.
- Ensaie e programe-se para eventuais falhas no equipamento.

Cuide para que o uso de recursos audiovisuais destaque sua fala e não atrapalhe ou ofusque sua explanação.

Em apresentações virtuais, quanto menos utilizar projeções melhor. Caso seja extremamente necessário, procure alternar o recurso visual e a sua fala com vídeos que levem a uma maior interação com os participantes.

Sugestão: usar recursos visuais na medida certa, sem falta nem exagero. Não misturar tipos de letras. Não exagerar no número de cores. Produzir os slides seguindo a regra 7×7, ou seja, com aproximadamente sete linhas com sete palavras cada.

---

4. Como se decidir sobre o estilo mais adequado ao montar uma apresentação

Uma apresentação show, sem nenhum conteúdo, mas com historinhas, piadas e citações, poderá até arrancar risos e aplausos, entretanto, dificilmente deixará uma plateia satisfeita. No final, os participantes perceberão que não estão levando nenhuma mensagem que pode ter utilidade em suas atividades profissionais ou em sua vida social. Sairão com aquela sensação de que faltou consistência na mensagem.

Tanto é que as empresas que contratam palestrantes com esse perfil dificilmente voltam a convidá-los para novos eventos. Valeu a diversão, mas é preciso capacitar os funcionários com uma mensagem mais robusta.

> *Relevância*: uma apresentação bem montada ajuda na fluência da exposição e facilita o entendimento dos ouvintes.

Por outro lado, uma apresentação com conteúdo profundo, excessivamente técnica, muito objetiva, pode ser desestimulante e até entediar as pessoas.

Por isso, o melhor é equilibrar conteúdo e show. O orador deve acrescentar pitadas de espetáculo na apresentação para que o conteúdo se torne atraente, interessante. Ou seja, um bom conteúdo transmitido com desempenho instigante.

Ao elaborar sua apresentação, organize o conteúdo em quatro ou cinco blocos, dependendo do tempo disponível. Monte a sua exposição de acordo com a seguinte composição:

- Cada bloco deverá ter começo, meio e fim. As informações deverão fazer parte de um conjunto completo, pronto e acabado.
- Ilustre cada um dos blocos com histórias interessantes, engraçadas, desde que guardem relação com o assunto tratado. Você também poderá se valer de algum vídeo curto para dar mais dinamismo à palestra.
- Depois de ter concluído todos os blocos, encontre um fio condutor que possa ligá-los desde o primeiro até o último. Assim terão interdependência, mostrando que se trata de uma única mensagem.
- Para ajudar a estabelecer essa coesão entre os diversos blocos, termine cada um deles fazendo uma transição para o seguinte.

¨ Quanto mais interessante e impactante for o bloco final, melhor. Se o ouvinte gostar muito da última parte da apresentação, terá a sensação de que ficou encantado o tempo todo.

Dessa forma você fará sua apresentação com conteúdo de boa qualidade, e as histórias, os vídeos e as brincadeiras proporcionarão o espetáculo de que precisa para encantar os ouvintes.

> *Sugestão*: procurar o equilíbrio entre o conteúdo e o espetáculo, de tal forma que a apresentação seja atraente e produtiva.

5. Pense duas vezes antes de contar uma piada para quebrar o gelo!

Uma apresentação solta, leve, bem-humorada cativa os ouvintes com muito mais facilidade. Por isso, desenvolver a habilidade de explorar esse lado humorístico é importante para tornar uma exposição mais atraente.

Observe como palestrantes alegres, extrovertidos, engraçados conquistam as plateias e transmitem sua mensagem com mais eficiência.

Embora esse seja um atributo natural em algumas pessoas, nada impede que você também conquiste e aprimore essa característica. Todas as pessoas conseguem, com prática e observação, contar algumas piadas, ou pelo menos alguns casos interessantes.

> *Relevância*: especialmente no início de uma apresentação, fazer uma piada pode ser arriscado, pois, se não tiver graça, talvez desestabilize o orador; se for engraçada mas conhecida, o resultado pode ser ainda pior.

Mesmo sabendo que esses recursos têm grande influência no resultado das apresentações, há alguns riscos que precisam ser considerados, especialmente na vida corporativa. Excesso de brincadeiras e piadas fora de hora ou descontextualizadas são um verdadeiro veneno para o orador. Veja alguns dos perigos de se contar piadas:

- **A piada pode não ter graça** – Se o orador contar uma piada e os ouvintes não reagirem, ele poderá se desestabilizar. Por isso, é prudente evitar piadas no início da apresentação, que é o momento de maior desconforto para quem fala em público.
- **A piada pode ser engraçada, mas muito conhecida** – Essa é uma situação delicada, pois o orador conta a piada com a certeza de que terá uma reação positiva da plateia. Se as pessoas não rirem, pelo fato de já a conhecerem, o orador poderá ficar em posição desagradável.
- **A piada, mesmo sendo engraçada, pode não guardar interdependência com o restante da fala** – Essa falta de relação com o assunto será perda de tempo para o orador e para os ouvintes, já que não contribuirá para o bom resultado da apresentação.

Ao pensar em contar uma piada dê preferência às que sejam curtas, inéditas e bem contextualizadas. Dessa forma, a chance de sucesso será maior.

Antes de contar uma piada em público, experimente contá-la primeiro para pessoas da família ou amigos. Se nesses ambientes você sentir que a resposta foi boa, provavelmente será bem-sucedido também diante de uma plateia de desconhecidos.

Sugestão: deixar para contar piadas mais no meio da fala. Preferir o fato bem-humorado às piadas prontas.

6. Você se preparou e fez tudo certo, mas na hora H algo dá errado

Todos nós estamos sujeitos a imprevistos. Um dia é o aparelho de projeção ou microfone que não funciona, em outro surge um barulho insistente que prejudica a concentração dos ouvintes. É evidente que, se você for cuidadoso e disciplinado, conferindo todos os itens envolvidos em sua apresentação, irá reduzir bastante o risco de encontrar contratempos. Saiba, entretanto, que por mais que você se prepare e fique atento aos detalhes, a possibilidade de ter de enfrentar essas situações constrangedoras existe.

> *Relevância*: estar preparado para os imprevistos ajuda o orador a contornar essas situações desagradáveis com mais facilidade.

Nessas ocasiões, antes de tudo, procure manter a calma e o bom humor. Não é simples preservar a tranquilidade nessas circunstâncias, mas temos de fazer um grande esforço para não nos perder emocionalmente. Só assim teremos condições de corrigir o problema o mais rápido possível.

A preocupação maior é se algo sair errado nas reuniões, diante de colegas e superiores hierárquicos. Mesmo não sendo culpa de quem faz a apresentação, a impressão pode ser a de que ele cometeu alguma falha. É principalmente nesses momentos que deve entrar em ação o sangue frio. A habilidade com que um profissional dribla esses obstáculos inesperados poderá demonstrar também sua competência para resolver os desafios que estão sempre presentes na vida corporativa.

Um cuidado que todo profissional precisa ter é o de estar pronto para se apresentar com todas as condições ideais, mas estar ainda mais bem preparado para falar se surgir algum problema não previsto. Por exemplo, se for falar com auxílio de um projetor, deve treinar também para fazer a mesma exposição sem o recurso visual, caso não possa contar com a projeção. Da mesma forma, se pretende usar um microfone, tem de imaginar o que fará caso o aparelho não funcione.

A experiência mostra que, quando aprendemos a contornar esses momentos de pressão, o resultado pode ser muito positivo. Se o orador mantiver a serenidade e souber explorar a presença de espírito, pode transformar aquele fato desagradável em excelente oportunidade para interagir com os ouvintes.

> *Sugestão*: brincar com a situação inesperada. No caso de algum problema técnico com o equipamento utilizado, dispensar os aparelhos e seguir com a apresentação, que sempre deve ser ensaiada com e sem auxílio de aparatos tecnológicos.

7. Você se prepara muito bem para sua apresentação, mas fica em dúvida na hora de escolher o que vestir?

Encontrar a roupa certa é sempre um desafio. E, querendo ou não, as pessoas nos julgam também pela aparência.

As regras para que alguém vista esta ou aquela roupa, use este ou aquele calçado, lance mão deste ou daquele complemento mudaram consideravelmente nos últimos tempos. Podemos dizer que quase tudo está liberado.

> *Relevância*: por mais liberdade que exista hoje para a escolha das roupas, a forma como o orador se veste pode ser um ingrediente decisivo para o sucesso da sua apresentação.

Ainda que essa realidade possa ser aceita, a verdade é que vemos algumas pessoas bem-vestidas e outras que deixam muito a desejar. Para complicar ainda mais, alguns trajes caem bem em algumas pessoas, enquanto, em outras, não funcionam.

Pois é, se por um lado a liberdade nos favoreceu, por outro pode ter nos atrapalhado. No passado, era mais simples, bastava ao homem vestir um terno e escolher uma boa gravata e estava pronto para falar em público. Da mesma forma, no caso da mulher, se tivesse um tailleur que caísse bem, a roupa deixava de ser problema. Hoje não é assim.

Para facilitar, aqui vão alguns pontos a serem considerados na hora de escolher a roupa para se apresentar em público:

- Observe como os profissionais da sua área se vestem. Por mais que possam diversificar, verá que seguem um certo padrão. É um código visual que quase sempre pode ser respeitado.
- Considere a formalidade do evento. Em situações mais ou menos formais, a roupa poderá seguir essa condição. Nos casos em que tiver dúvida, prefira ir vestido mais formalmente, pois, se descobrir que o encontro era mais informal, fica mais simples contornar.
- Leve em conta seu próprio estilo. Independentemente da sua atividade profissional ou da formalidade da situação, o importante é que você se sinta bem com a roupa que está usando. Por isso, respeitar o seu estilo é fundamental, pois assim ficará mais à vontade e confiante.

Atenção: se você for do tipo que costuma comprar roupas novas com certa frequência, um traje novo para um evento importante cairá bem. Se, entretanto, você raramente se incomoda em trocar seu guarda-roupa, prefira ir com aquele traje com o qual está acostumado. Você se sentirá melhor assim. É tudo questão de bom senso.

> *Sugestão*: procurar se vestir de acordo com os profissionais que atuam na mesma atividade, observar a formalidade do evento e levar em conta o próprio estilo.

8. Como reagir a um interlocutor agressivo

Quando nos apresentamos diante de um grupo e um ouvinte nos interpela de maneira agressiva, ele é o algoz e nós somos a vítima, e, por isso, temos, na maioria das vezes, a solidariedade do público. Se reagirmos emocionalmente, também retrucando com veemência, o papel pode se inverter, nos transformando em agressores e o ouvinte em agredido, e dessa forma corremos o risco de perder o apoio da plateia.

Há situações, especialmente em contendas políticas, em que adversários, de propósito, atacam o oponente com a intenção de irritá-lo e instigá-lo a reagir emocionalmente. Não esbravejam, não alteram o volume da voz, não demonstram irritação. Apenas as palavras, naquele tom suave, às vezes até com certa meiguice, é que são ofensivas.

> *Relevância*: quem sabe se comportar com serenidade, de forma educada e solidária conquista a torcida e até certa cumplicidade das pessoas.

Os mais inexperientes acabam por morder a isca e caem na armadilha do debatedor. Quase sempre, quem fez o ataque mantém o semblante impassível e passa a se comportar como se fosse o ofendido.

Não é diferente na vida corporativa. Nas disputas por posições de poder, alguns profissionais acabam digladiando, e, como essas desavenças ocorrem quase sempre em reuniões, sai prejudicado aquele que não teve controle emocional.

Quanto mais serenos e equilibrados nos mostrarmos, maiores serão as chances de sairmos vitoriosos nesse tipo de embate. Não é tarefa simples, pois, quando somos atacados, é natural que queiramos revidar à altura. Essa não é, entretanto, na maior parte das vezes, uma atitude sensata nem inteligente.

Há momentos em que o silêncio como resposta chega a ser mais eloquente que as palavras. Para atingirmos esse estágio de equilíbrio e sensatez é preciso muita experiência e amadurecimento. É um verdadeiro aprendizado da arte de engolir sapos. E, mesmo depois de imaginarmos ter aprendido como nos comportar, de vez em quando não resistimos, temos recaídas e partimos para o revide de maneira impensada.

Há situações, todavia, em que não se deve ouvir as ofensas em silêncio. Se alguém nos acusa de sermos ladrões ou desonestos, por exemplo, não dá para ficar quieto ou reagir com plácidos sorrisos. Nessas ocasiões, temos de demonstrar nossa indignação e declarar, se for o caso, que iremos denunciar o oponente pela injúria.

Não há regras matemáticas. Vários aspectos precisam ser levados em consideração. Há situações em que será necessário deixar toda essa teoria para trás e partir para cima daquele que nos agride. Em outras circunstâncias, é recomendável fazer ouvidos moucos. O tempo, a experiência, a observação, o erro e o acerto nos darão condições de nos comportarmos de maneira acertada.

Sugestão: não reagir de maneira intempestiva aos ataques de adversários, concorrentes e colegas. Aprender a ficar em silêncio até ter certeza da melhor atitude a ser tomada.

---

9. Comunicação empática

Muito se fala em comunicação empática e em sentimento de empatia nos dias de hoje. O que, entretanto, é realmente empatia e como ela pode afetar a nossa comunicação?

Estamos acostumados a escutar que fulano é empático porque sabe se colocar no lugar do outro. Porém, empatia não é somente saber se colocar no lugar do outro, pois essa conceituação é superficial. Empatia, no sentido mais amplo, é saber se colocar no lugar do outro, mesmo que essa pessoa tenha uma opinião totalmente distinta da nossa, e conseguir, com uma comunicação gentil e não agressiva, chegar a um denominador comum. Esse objetivo só poderá ser conquistado se conseguirmos nos expressar com eficiência.

Relevância: entender os sentimentos e os objetivos das outras pessoas possibilita abrir as portas para o entendimento e estabelecer os pontos convergentes.

O importante nesse processo de comunicação é, ao nos colocarmos no lugar do outro, sentirmos a dor dele, para que possamos entender como aquela opinião foi formada e, assim, ser possível um debate saudável, sem que haja julgamento.

Por exemplo, vamos imaginar que você tenha de discutir um projeto com uma pessoa que pensa apenas nas questões socioambientais e em como o resultado da execução daquele plano pode afetar negativamente as regiões em que ele será implantado. E o seu papel é fazer com que a proposta seja implementada com o maior lucro possível. De antemão, antes mesmo de saber o final dessa conversa, é possível entender que os lados são conflitantes.

Caberá a você entender os pontos divergentes e procurar ouvir o outro lado. Nesse processo de negociação, suas iniciativas precisariam mostrar que o projeto também possui vantagens e que afetará a região de maneira positiva. Dessa forma, sua explanação deverá demonstrar com sinceridade, sem subterfúgios, todos os benefícios envolvidos e apontar como os aspectos negativos do plano podem ser minimizados.

Fica evidente que, sem essa comunicação empática, o embate estaria estabelecido logo no primeiro contato. Não é difícil deduzir que as resistências criadas antecipadamente, antes mesmo da primeira conversa, seriam mantidas, e até agravadas, naquele embate, e colocariam cada parte em extremidades opostas. Ficariam de tal maneira distantes que afastariam ou reduziriam as possibilidades de acordo. Com cada um pensando apenas em seus interesses, haveria muita dificuldade em chegar a um bom termo.

Sugestão: ter consciência de que as pessoas são diferentes e respeitar a divergência de opinião. Se colocar no lugar do outro, tentando entender seus sentimentos e aspirações.

10. Como a comunicação não violenta pode ajudar você

Comunicação não violenta é um conceito criado pelo psicólogo Marshall Rosenberg nos anos 1960 e que está sendo muito comentado nos dias atuais.

Por que esse tipo de comunicação está sendo tão discutido? Com a facilidade de acesso às informações, as pessoas passaram a julgar o outro de maneira mais rápida e com maior liberdade.

É possível, através da internet, fazer buscas rápidas sobre a vida de uma pessoa, e, se aquele que pesquisou encontra alguma informação que o desagrada, pode também, praticamente sem censura, tomar a iniciativa de julgá-la. E nada impede que esse julgamento, em muitos casos precipitado, seja alardeado pelas redes sociais. Essas atitudes, não raro, destroem reputações, prejudicam carreiras e comprometem relacionamentos que às vezes nunca mais são recuperados. É um fenômeno que também ocorre no que tem sido denominado "cultura do cancelamento".

> *Relevância*: a comunicação não violenta é o caminho para respeitar as diferenças individuais. É a atitude que deve ser adotada para não criar resistências desnecessárias.

A comunicação não violenta é um processo de transformação. Muito mais que uma ação pontual, é uma mudança de pensamento e de olhar sobre as relações.

Se não soubermos nos comunicar com clareza e gentileza, como é que vamos preservar as relações? Por isso ocorrem tantos problemas de relacionamento em família, tantas brigas com amigos e tantos desentendimentos no ambiente de trabalho. Infelizmente, quase sempre esses embates acontecem porque as pessoas gostam muito mais de falar que de ouvir.

Um dos principais pontos que devem ser considerados na comunicação não violenta é saber observar em vez de julgar. Não significa, entretanto, que você deva concordar com tudo o que ouvir, e sim que precisa estar aberto e se esforçar para escutar sem prejulgamentos.

Não é difícil deduzirmos que a comunicação não violenta tem muita influência e pode se tornar fundamental para as nossas relações no mundo corporativo. Esse processo de comunicação participa muito mais da vida corporativa do que supomos à primeira vista. O andamento dos projetos, dos planos, das ações em todas as circunstâncias pode ser mais bem-sucedido com essa prática tão saudável.

Outro aspecto de especial relevância, e que precisa ser observado com cuidado e bastante critério, é que a comunicação não violenta pressupõe a premissa de que devemos pedir em vez de ameaçar.

Quantas vezes, por períodos prolongados, algumas pessoas chegam a trabalhar com medo, sentindo-se inseguras para desempenhar funções, já que vivem sempre ameaçadas. Um ambiente de trabalho nessas condições não é saudável. Essa convivência tóxica pode nos levar a um processo imitativo, e, sem nos darmos conta, passamos a nos comportar da mesma maneira, com os mesmos comportamentos que tanto nos incomodam.

Quando trabalha sob ameaça, a pessoa não consegue ser tão produtiva. E essa conduta negativa acaba por se transformar em um ciclo vicioso, pois, por ser pressionada, não consegue entregar o que foi solicitado e, por não conseguir entregar, passa a ser ainda mais pressionada. A consequência natural é que a produtividade seja cada vez mais prejudicada.

Se nós aprendermos a pedir, conversar sobre os projetos sem utilizar tons de ameaças, os ambientes corporativos se tornam muito mais arejados, contribuindo para a melhoria da produtividade e dos resultados.

Portanto, temos de tomar cuidado para não elevar a voz, sermos precavidos para não falar com o "dedo no nariz" do outro e evitarmos a detestável frase "se você não fizer isso direito"... Se não vigiarmos o nosso comportamento ao nos relacionarmos com aqueles que nos cercam, podemos, sem perceber, incorrer nesses erros tão prejudiciais ao desempenho de todos nós.

> *Sugestão*: pedir no lugar de ameaçar. Compreender em vez de acusar. Observar em vez de julgar.

11. A oratória mudou, mas alguns oradores não

"Criatividade sempre significa fazer o não familiar."
Eleanor Roosevelt

Algumas pessoas se sentem incomodadas quando presenciam oradores se apresentando com aquela mesma ladainha de sempre. A oratória mudou, mas certos oradores continuam falando como se estivessem no princípio do século passado. Por exemplo, cumprimentam os componentes da mesa e a plateia seguindo um ritual que não muda. Ao perceber, já nos cumprimentos, que a chatice vai se repetir, os ouvintes se desligam e deixam de prestar a atenção. O pior é que alguns oradores se preocupam tanto em seguir o velho roteiro de sempre que nem percebem as pessoas se desinteressando.

> *Relevância*: ter um comportamento criativo, adequado a cada época e circunstância, mostra que a pessoa está atualizada e adaptada ao contexto em que vive.

Isso é, na verdade, reflexo de puro comodismo. Como a maioria dos oradores se expressa de determinada maneira, para não correrem risco, as pessoas se ajustam a esse modelo e seguem a cartilha, imaginando que assim conquistarão a plateia. Algumas até chegam a cumprir bem o seu papel e transmitem a mensagem que precisam, mas daí a terem desempenho excepcional há um abismo.

Se quiser impressionar os ouvintes, saia dos trilhos batidos. Surpreenda o público. Depois de elaborar cada etapa da sua apresentação, reflita: que mudanças eu poderia fazer nessa mensagem para deixá-la mais encantadora? Se eu estivesse na plateia, como eu gostaria de receber essa informação? Só o fato de você refletir sobre essas questões já será meio caminho andado na busca do tempero ideal para ser bem-sucedido.

O público, por exemplo, poderia ser mais facilmente conquistado se a tradicional forma de cumprimentar os ouvintes fosse modificada. Em vez de cumprimentar um a um todos os componentes da mesa e seguir com o cansativo "bom dia a todas e a todos", poderia, por exemplo, agir como fez a ministra Cármen Lúcia ao tomar posse como presidente do Supremo Tribunal Federal (STF).

Todos imaginavam que ela seguiria rigorosamente o protocolo, começando os cumprimentos pelo então presidente Michel Temer, que era a autoridade mais importante no evento. A ministra começou dizendo que iria quebrar o protocolo e queria iniciar cumprimentando o povo brasileiro. Pegou todo mundo de surpresa e fisgou a atenção da plateia já nesse primeiro momento.

Por isso, começar com o cansativo "É um prazer estar hoje aqui diante de vocês para esclarecer os detalhes do nosso plano anual de atuação" pode funcionar como um verdadeiro sonífero para o público. Algumas pequenas modificações poderiam tornar a apresentação mais instigante.

Essa mesma informação seria mais interessante se, por exemplo, fosse transmitida assim: "O que vamos tratar hoje pode se constituir na melhor oportunidade para engordar um pouco mais a nossa conta bancária. Se cumprirmos as determinações do nosso plano de ação, nosso bônus já estará garantido". Esse recurso de contar de forma clara quais benefícios os ouvintes terão com a mensagem é a melhor e mais eficiente estratégia para conquistar a atenção do público. Quase sempre uma pessoa se interessa pelo discurso se sente que terá algum tipo de vantagem com aquela apresentação.

São pequenos cuidados que podem fazer toda a diferença entre uma apresentação insossa e outra motivadora e interessante. Se tivermos em mente que todas as informações poderão ser transmitidas de maneira ainda mais criativa, iremos nos habituar a encontrar caminhos cada vez mais eficientes para enriquecer as apresentações.

Um bom exercício é elaborar a apresentação e em seguida reescrevê-la com as modificações que podem torná-la mais interessante para os ouvintes. Você perceberá que com o tempo ficará tão acostumado a agir assim que naturalmente pensará sempre em como aprimorar suas mensagens.

Para tornar suas apresentações mais interessantes, fuja da mesmice, abandone o lugar comum, seja mais ousado. Você será um orador mais admirado se aprender a não se acomodar com o cinza e descobrir que outras cores tornam seus discursos mais apreciados. Avalie as consequências, e, se concluir que vale a pena abandonar o caminho seguro, não hesite, vá em frente.

Sugestão: fugir do lugar-comum, sair da mesmice, inovar e surpreender os ouvintes com atitudes inusitadas.

---

12. As pessoas gostam de ouvir uma boa história

Era uma vez... Essas palavras possuem uma espécie de magia que encanta e desperta o interesse das pessoas. Elas indicam que na sequência virá uma história. Saber contar histórias inéditas, interessantes e, de preferência, curtas é uma habilidade que pode e deve ser desenvolvida.

Uma boa história ilustra o que está sendo exposto numa conversa ou apresentação, desperta o interesse dos ouvintes, torna o momento mais

Relevância: as boas histórias são curiosas, atraentes e instigantes. Ilustram a mensagem e facilitam a compreensão dos ouvintes.

agradável e dá segurança a quem se apresenta, já que, como teve a oportunidade de contá-la em outras circunstâncias, sabe exatamente como ela irá se desenvolver e concluir.

Por isso, comece já a colecionar histórias. Todas as vezes que ouvir uma boa história, anote as passagens mais importantes para se recordar depois. Faça o mesmo quando acontecer algo interessante com você, imagine como as pessoas reagiriam se você fosse contá-lo. Na primeira oportunidade que tiver, conte a história, depois a repita em vários outros momentos, diante de pessoas diferentes, até que tenha perfeito domínio do seu ritmo e utilize com propriedade as pausas e entonação adequadas. Quando tiver um estoque de umas 20 histórias, poderá se valer de um recurso bastante poderoso em suas conversas e apresentações.

As boas histórias, desde que bem contextualizadas, servem para conquistar a atenção do público no início das apresentações, reconquistar o interesse quando as pessoas começam a dispersar a concentração e, principalmente, para aumentar ainda mais a atenção dos ouvintes. Em alguns casos, são excelentes também para fazer a conclusão de um discurso.

Mas procure não contar sempre as mesmas histórias nem repetir as que são contadas com frequência em todos os lugares. Nesse caso, como elas são conhecidas, não despertam a curiosidade das pessoas e podem até provocar um efeito contrário: fazer com que os ouvintes se desinteressem pelo que está sendo exposto.

Evite, ainda, histórias muito longas, pois exigem muito esforço para serem acompanhadas e chegam a entediar as pessoas. Outra precaução é a de não contar muitas histórias na mesma conversa ou apresentação. Uma ou duas, sempre dentro do contexto da mensagem, normalmente são suficientes.

> *Sugestão*: colecionar histórias curtas, inéditas e interessantes. Sempre que aprender uma história nova, conte-a imediatamente para que fique registrada na mente.

13. Não existe ouvinte desinteressado, mas sim orador desinteressante

Você vai participar de uma reunião. Preparou a sua apresentação com todo o cuidado. Sabe exatamente o que vai dizer, passo a passo. Foram semanas de trabalho, pesquisas e análises. Está tudo programado para um resultado bem-sucedido. Espere. Você pensou no conteúdo e no seu desempenho, mas será que avaliou como os ouvintes irão reagir diante da sua exposição?

Você pensou em como manter a atenção do público durante toda a apresentação? Sabia que está cada vez mais difícil fazer com que as pessoas se concentrem na mensagem por tempo prolongado? Na verdade, vamos constatar que o tempo de atenção não é tão prolongado como se imagina.

> *Relevância*: usar todos os atributos disponíveis para conquistar e manter a atenção das pessoas é um ótimo recurso para ser bem-sucedido nas apresentações.

De acordo com uma pesquisa realizada pelo Lloyds TSB, em dez anos, a atenção média dos ouvintes caiu de 12 para apenas cinco minutos.[1] Um dado que chega a ser preocupante.

Esse resultado se deveu especialmente ao avanço da tecnologia, que tem tomado conta da sociedade de forma cada vez mais intensa. Com o crescimento vertiginoso das mídias sociais nos últimos anos, é possível deduzir que hoje a situação é ainda mais grave. Ou seja, basta um vacilo do orador para que a plateia se desligue.

Uma informação curiosa fornecida pela pesquisa é que as pessoas com idade acima de 50 anos têm o seu nível de atenção preservado por tempo mais prolongado. Esse fenômeno se deve ao fato de as pessoas mais idosas não se relacionarem tanto com a tecnologia quanto as mais jovens.

---

1. Disponível em: https://www.digitaltrends.com/mobile/internet-age-attention-spans-experts-weigh-in/.

Portanto, as chances de que as pessoas se concentrem por mais tempo na sua exposição aumentam se a faixa etária for mais elevada. Porém, é bom não se fiar muito nessa condição, pois, de quando a pesquisa foi divulgada até os nossos dias, a tecnologia e o bombardeio de informações também chegaram aos mais idosos.

Agora que o problema está posto, como agir para que as pessoas se concentrem por mais tempo em sua apresentação? Quais são os recursos de que poderá lançar mão para que os profissionais que irão participar da reunião fiquem atentos a suas palavras e avaliem com mais critério as suas propostas? Lembre-se de que, se as pessoas não prestarem atenção em nossa apresentação, a culpa será nossa, não delas.

> *Sugestão*: desenvolver todas as habilidades que puder para ser interessante aos olhos do público: contar histórias, aflorar a presença de espírito, fazer imitações, cantar, recitar poesias etc.

14. O espetáculo ajuda a manter a atenção do público

O conteúdo apenas costuma não ser suficiente para conquistar o interesse dos ouvintes. É preciso acrescentar à mensagem alguns ingredientes que tornem a exposição mais atraente. Por exemplo, falar com o semblante mais expressivo; alternar bem o volume da voz e a velocidade da fala, para imprimir um ritmo agradável e instigante; fazer gestos mais amplos, desde que não sejam exagerados.

> *Relevância*: uma dose adequada de espetáculo na apresentação faz com que os ouvintes se interessem mais pela mensagem.

Os recursos visuais, de maneira geral, trazem uma boa dose de espetáculo à apresentação. Ao projetar determinada informação, a atenção do ouvinte, que estava em você, volta-se para a tela. Em seguida, você poderá mudar o rumo da conversa e trazer a atenção novamente para a sua fala, tornando a apresentação dinâmica e interessante.

Não se esqueça também de que as pessoas só ficarão atentas à mensagem se perceberem com clareza os benefícios que poderão tirar dela. Por isso, dedique boa parte do início da apresentação para dizer as vantagens que os ouvintes terão com as informações que serão transmitidas. Dinheiro, segurança, conhecimento, poder são alguns desses benefícios.

Se perceberem que serão favorecidos de alguma maneira, ficarão interessados em ouvir o que o orador tem para dizer. Embora essa informação deva ser destacada no início, durante toda a apresentação será preciso lembrar a plateia de que a mensagem a beneficiará.

Além disso, é preciso também, praticamente o tempo todo, criar expectativas na plateia. Se as pessoas não tiverem expectativas, dificilmente ficarão interessadas em acompanhar o pensamento do orador.

Esses são alguns recursos poderosos que poderão ajudar a manter a atenção dos ouvintes. Dependendo da circunstância, você poderá se valer de um ou outro, e, em alguns casos, de todos ao mesmo tempo. Assim você terá condições de apresentar a sua mensagem com a certeza de que os ouvintes estarão concentrados em suas palavras.

Sugestão: analisar as circunstâncias do evento e as características do público para usar o espetáculo na medida certa.

---

15. O desespero de não ter mais assunto diante do público

A situação é desesperadora. Você está na reunião fazendo a apresentação de um projeto para o conselho da empresa. O tempo determinado para a sua exposição é, por exemplo, de 50 minutos. Só que, após 20 ou 25 minutos, você já esgotou o assunto e não tem mais o que dizer. O que fazer naqueles 25 minutos restantes?

Como última saída, tenta repetir algum conceito importante, como se quisesse reforçar aquela ideia tão fundamental, fala por mais uns cinco minutos, toma um gole de água, revira as folhas de anotação, mas não há como contornar os momentos aflitivos, pois você não sabe mais o que dizer.

Relevância: ter assunto sobrando para o tempo determinado dá segurança e desenvoltura ao orador.

Situações como essa são mais comuns do que se possa pensar. Para que o orador se saia bem nessas circunstâncias, o primeiro passo é se preparar adequadamente para esses momentos. Na maioria das vezes, a cada etapa da sequência é possível ter como apoio uma boa história para ser contada. No caso de projetos, por exemplo, além das histórias, ajuda muito levantar dados de planos semelhantes que já foram implantados, mencionar os profissionais envolvidos, os desafios que enfrentaram e superaram. Essas informações curiosas são atraentes, ajudam a ilustrar a mensagem, dão segurança ao orador e permitem que ele fale pelo tempo que desejar, sem a preocupação de não ter mais o que dizer.

Portanto, tenha sempre uma boa quantidade de histórias em seu repertório, mesmo que não precise fazer uso delas. Pode ter certeza de que a qualquer momento você poderá explicar melhor um ponto ou outro com o auxílio de alguma narrativa interessante. Mantendo várias delas à disposição, será mais simples contextualizar de maneira adequada a informação transmitida.

Outro recurso excelente para esticar um pouco mais o tempo de exposição é aprender a "cortar o fio de cabelo em oito partes". Sabendo que muitas informações precisariam ser transmitidas, não seria sensato comentá-las todas de uma só vez. A sugestão é fragmentá-las como se fossem temas distintos e desenvolvê-las separadamente. Feito isso, basta introduzir uma linha condutora para que se estabeleça a interdependência entre cada um desses pontos.

O orador precisa ainda ficar atento e observar tudo o que ocorre ao seu redor. A reação dos ouvintes, a emoção do ambiente, os temas que já foram discutidos durante a reunião são informações que se constituem em extraordinária fonte para o desenvolvimento e a complementação do assunto que precisa ser transmitido.

Outra regra bastante simples é dividir o assunto no tempo, no espaço e estabelecer comparações. Quando o orador faz um histórico, desenvolvendo a narrativa no tempo, pode analisar os fatos relevantes que ocorreram com relação à economia, à política, à cultura em cada época citada. Esses temas, quando bem organizados, são inesgotáveis.

Da mesma forma, o assunto se expande e enriquece quando se lança mão da divisão no espaço e das comparações. Fazer comparações entre regiões de um determinado país ou de países diferentes produz a possibilidade de infindáveis análises. Com algumas poucas informações é até possível expor muito bem as ideias.

Por isso, ao se preparar para fazer uma apresentação, procure conhecer muito mais sobre o assunto do que seria adequado e necessário para o que deseja transmitir. Se tiver de falar durante 30 minutos, vá com estoque de informações para pelo menos uma hora. É preciso sobrar matéria.

Esse é o segredo. Preparar-se para transmitir determinado tema, mas estar ainda mais municiado com as informações que o cercam. Esses cuidados darão segurança e o apoiarão para que fale o tempo que for necessário, sem sustos ou atropelos.

Sugestão: ter informações suficientes para falar por mais tempo do que o previsto. Se tiver de falar por meia hora, é preciso ter conteúdo para 45 minutos ou uma hora.

---

16. Conheça o público

Tão importante quanto saber usar todas as técnicas de comunicação e conhecer o assunto que será apresentado é identificar as característi-

Relevância: saber quem são os ouvintes é uma das informações mais importantes para que a mensagem seja transmitida de maneira correta, apropriada.

cas predominantes das pessoas que irão ouvi-lo. Estamos mencionando "características predominantes" porque será quase impossível encontrar uma plateia homogênea. As faixas etárias serão distintas, a formação intelectual não será a mesma, o conhecimento sobre o assunto que será abordado diferirá. Portanto, ter consciência desse amálgama que compõe o público é essencial para que a apresentação seja bem-sucedida.

Esse é um estudo que deve ser feito com antecedência. Antes de se apresentar, é importante procurar saber quem serão as pessoas que participarão do evento. A mensagem será a mesma, mas a forma de transmiti-la deverá ser adaptada ao perfil dos ouvintes. Procure identificar ao menos um interesse em comum naquelas pessoas e o motivo de estarem ali.

De posse dessas informações, você estará pronto para enfrentar a plateia, com excelentes chances de obter os resultados almejados.

Por exemplo, se as pessoas possuírem bom conhecimento técnico sobre o tema da apresentação, você poderá falar com profundidade a respeito dele. Se, entretanto, os ouvintes forem leigos, a sua exposição deverá ficar apenas na superficialidade.

Veja algumas dicas para sua reflexão:

- Se os ouvintes formarem um grupo heterogêneo, tente manter o equilíbrio das informações, sem abordar o tema sempre de maneira técnica, tampouco permanecendo apenas na superfície. Imagine a metade desse caminho, desça um pouco, de tal forma que, com algumas explicações adicionais, consiga trazer as pessoas leigas para um bom nível de entendimento sem comprometer o interesse daqueles que estejam mais bem preparados.
- Para um público mais velho, use exemplos e experiências do passado que sirvam para ilustrar o presente e o futuro. Essas informações serão mais interessantes para esse tipo de ouvinte.

¨ Por outro lado, se for falar para grupos mais jovens, ponha o foco nos desafios que eles terão pela frente. Esse tipo de ouvinte se interessa mais quando o orador fala do futuro, de planos, de projetos.

Esteja preparado também para os imprevistos. Às vezes imaginamos que iremos falar para um determinado tipo de público e descobrimos que estávamos equivocados, pois as características da plateia são muito distintas daquelas que esperávamos.

> *Sugestão*: identificar as características predominantes dos ouvintes. Estar preparado para adaptar a maneira de transmitir a mensagem de acordo com a resposta do público.

17. Preste atenção e ouça a voz... do silêncio!

Debussy, o grande compositor e músico francês, disse que "a música é o silêncio entre as notas". E, para valorizarmos ainda mais a importância do silêncio, devemos destacar um trecho do livro *O tesouro dos humildes*, de Maurice Maeterlinck, que conquistou o prêmio Nobel de literatura em 1911: "Dir-se-ia que sua alma não tem face. Nós não nos conhecemos ainda, escrevia-me alguém que eu muito amava; não tivemos ainda coragem de nos calar juntos". E com profunda reflexão acrescenta em outro momento: "A palavra é do tempo, o silêncio é da eternidade". E na mesma linha complementa: "As abelhas só trabalham no escuro; o pensamento, no silêncio e a virtude, no segredo".

> *Relevância*: em determinadas circunstâncias, o silêncio fala mais que as palavras. A pausa bem feita demonstra o domínio que o orador tem sobre o assunto.

Assim é com a comunicação verbal. Há situações em que o silêncio fala mais do que as palavras. É importante saber o momento de falar, mas talvez seja ainda maior a sensibilidade de quem percebe o instante de calar. Aquele que consegue ouvir com paciência e atenção demonstra interesse pelo próximo, educação e controle da ansiedade. Quem não tem controle de seus próprios ímpetos fala fora de hora, demonstra insegurança, ansiedade e falta de domínio de suas ações.

A pausa silenciosa, feita no momento apropriado, dá ao ouvinte a oportunidade de refletir sobre a mensagem que acabou de ouvir. Em determinadas circunstâncias, atua como elemento de transição entre as informações importantes. Há ocasiões em que a pausa ajuda a criar expectativa, fazendo com que as pessoas fiquem mais atentas e interessadas no que será transmitido.

Após cada informação importante, como vimos, a pausa permite instantes de reflexão do público, ainda que seja por alguns poucos segundos. Quando, entretanto, o orador transmite um conjunto de várias informações relevantes, a pausa precisa ser mais extensa. Para isso, o orador poderá se valer de diversos recursos, como, por exemplo, tomar um gole de água, consultar algumas anotações, ou até levantar alguma questão com o responsável pelo evento. Antes de ficar em silêncio, conviria também ao orador prometer alguma novidade para a sequência de sua fala. Esse é um cuidado para criar expectativas adicionais na plateia, impedindo que os ouvintes percam a concentração por terem ficado um tempo maior em silêncio, sem contato com aquele que faz a apresentação.

> *Sugestão*: aprender a ficar em silêncio durante as pausas. Não ficar afobado para encontrar as palavras que serão utilizadas após a pausa. Deixar que o vocabulário vista naturalmente o pensamento, sem precipitação.

18. O semblante é a parte mais expressiva e comunicativa do corpo

Quando nos apresentamos em público, o semblante não nos pertence, mas sim aos ouvintes. Por isso, a fisionomia precisa estar arejada, leve, descontraída, simpática. Em certos momentos, conseguimos conquistar os ouvintes mais pelo semblante do que pela força dos argumentos.

Mas não é todo o corpo que participa do processo de comunicação? Sim, mas as funções dos gestos e da movimentação da cabeça e do semblante, embora possam dar as mesmas informações, em certas circunstâncias chegam a ser distintas. Stewart L. Tubbs e Sylvia Moss, na obra *Human Communication*, fazem consideração bastante curiosa a esse respeito:

> *Relevância*: manifestar-se com leveza, expressividade e de maneira arejada contribui muito para a condução da mensagem.

> Uma interessante questão levantada por Ekman (1965) é se as pistas dadas pelos movimentos do corpo são diferentes daquelas dadas pela cabeça e pelos movimentos faciais. Suas descobertas indicam que a cabeça e o rosto sugerem qual emoção está sendo experimentada, enquanto o corpo dá pistas a respeito da intensidade dessa emoção. As mãos, contudo, podem nos dar as mesmas informações que nós recebemos da cabeça e do rosto.[2]

Como a cabeça e o rosto indicam de forma mais enfática qual emoção está sendo experimentada, é preciso observar também se há coerência entre o que as palavras dizem e o que o semblante comunica. Dizer, por exemplo, que a situação é de pavor, enquanto o semblante permanece impassível ou descontraído, seria demonstração clara de incoerência. Por isso, antes de começar sua apresentação, concentre-se

---

2. TUBBS; MOSS, 1987. p. 157.

com a seguinte reflexão: preciso falar praticamente o tempo todo com o semblante leve e descontraído, mas não posso me esquecer de que deve haver coerência entre a mensagem que comunico com as palavras e a que demonstro com o semblante.

Não é para mentir ou ser falso no processo de comunicação, evidentemente, mas, sim, para demonstrar efetivamente o sentimento que está sendo transmitido. Tanto que em certos momentos o orador deve interpretar a sua própria verdade. Quantas pessoas falam com sinceridade sobre suas tristezas ou alegrias, mas não demonstram no semblante esses sentimentos?

Esse é um treinamento para ser feito não apenas quando estiver falando em público, mas em todos os momentos, incluindo conversas mais informais e reuniões.

> *Sugestão*: avaliar sempre se o semblante está sendo coerente com o sentimento presente na mensagem transmitida.

19. A importância da leitura para falar bem em público

Ocorre um fato bastante curioso com os alunos do nosso Curso de Expressão Verbal. À medida que se desenvolvem e passam a se sentir mais seguros e confiantes diante do público, percebem com maior evidência a importância do conteúdo na hora de se apresentar. Quanto mais estiverem abastecidos de informações, quanto mais bem preparados estiverem sobre o conteúdo da matéria que precisam expor, mais eficientes se mostrarão em suas apresentações. A partir desse momento, começam a se interessar mais por leitura de livros, revistas e jornais. Descobrem que cada informação pode ter muita importância para ilustrar ou complementar as mensagens que transmitem.

São inúmeras as oportunidades em que precisam lançar mão de um exemplo para reforçar sua linha de argumentação, ou de uma história para tornar a exposição mais leve e interessante. São aqueles momentos em que os ouvintes naturalmente se dispersam e voam com seus pensamentos, pois sentem dificuldade para continuar prestando a atenção. Essas histórias curiosas são verdadeiros ímãs para reconquistar a concentração da plateia.

Essas informações podem ser aprendidas em conversas, palestras, filmes, peças de teatro e das mais distintas maneiras. Nada, todavia, supera a importância da leitura. O mundo, todas as ciências e aventuras estão nas páginas dos bons livros. Às vezes nos deparamos com um trecho que, aparentemente, não nos terá utilidade, mas, passado um tempo, eis que surge a oportunidade de citá-lo para tornar mais rica a apresentação.

> *Relevância*: quem lê associa as ideias com mais facilidade, enriquece o vocabulário, desenvolve fluência na fala e amplia naturalmente o conhecimento sobre os mais diversos temas.

Sim, algumas pessoas até conseguem falar bem em público sem ter o hábito de ler. Aprendem tudo de ouvido. Poderiam, entretanto, ser muito melhores e completas se tivessem a leitura como costume.

Quando estamos diante da plateia, só contamos conosco, com mais ninguém. Recorremos naquele momento a tudo o que aprendemos ao longo da vida. Ao falar de improviso, por exemplo, nós temos de encontrar o exemplo perfeito na hora certa. Da mesma forma, quando participamos de um debate, precisamos encontrar um argumento consistente naquele momento de maior pressão. Se você tiver lido bastante, esse argumento vai surgir sem estresse.

Portanto, leitura, muita leitura é fundamental para quem deseja falar bem em público.

Sugestão: adquirir o hábito da leitura. Ler todos os dias, mesmo que algumas poucas páginas. Ter um bom livro sempre à mão.

20. Quem já teve de ler para uma plateia sabe que essa é uma missão difícil. Pouca gente faz isso com eficiência

Houve uma época em que algumas situações exigiam a leitura do discurso. Por exemplo, os paraninfos e oradores de turmas de formandos liam os discursos. O paraninfo, porque sua mensagem é considerada a última aula do curso, um ensinamento para a reflexão dos formandos. Por isso não se admitia que fosse improvisado. Os oradores de turma, porque seu discurso é uma mensagem que representa não apenas a sua forma de pensar, mas a interpretação dos anseios de todos os formandos. É como se todos estivessem ali falando.

Relevância: a leitura bem feita pode ser tão eficiente quanto a fala de improviso. Há situações em que a leitura é recomendável.

Embora essa tradição seja seguida pela maioria, há casos em que paraninfos e oradores falam sem ler. Nossa sugestão é que nessas situações você leia o discurso.

Como fazer uma leitura eficiente:

- Leia muitas vezes o texto antes de se apresentar diante do público. No mínimo de dez a 15 vezes. De tal forma que bastará bater os olhos para saber qual informação irá transmitir.
- Habitue-se a marcar o texto. Faça traços embaixo das palavras que precisam ser ditas com maior ênfase, e traços verticais para indicar as pausas que devem ser feitas, assim não truncará o ritmo e a fluência da fala.
- Para saber os momentos em que deverá olhar para os ouvintes, assinale com dois traços verticais. Faça essa marcação nos finais de frases e nas pausas mais expressivas. Durante a apresentação distribua contato visual para toda a plateia, olhando ora para os que estejam localizados à esquerda, ora para quem esteja à direita. Para não se perder, acompanhe com o dedo polegar a linha que estiver lendo.

- Segure o papel na parte superior do peito. Nessa posição fica mais elegante, facilita a leitura e não esconde o seu semblante do público.
- A gesticulação não é obrigatória. Se resolver gesticular, os movimentos deverão ser moderados, em pouca quantidade. Ao fazer o gesto, não volte com o movimento de maneira apressada para segurar o papel, só retorne depois de concluída a informação.
- Utilize um papel mais grosso para ter mais firmeza no momento de segurar o discurso, imprima com margens largas para que seus dedos não fiquem em cima do texto e não imprima parágrafos quebrados – deixe o parágrafo todo na mesma página.
- Além das situações já mencionadas que demandam a leitura em público, há outras que também devem ser consideradas: discursos de posse ou de despedida de presidentes, em pronunciamentos oficiais e em situações muito formais.

Sugestão: ler em voz alta com frequência. Treinar a comunicação visual para não ficar sempre voltando para o texto. Aprender a fazer pausas expressivas para valorizar as informações e não truncar as ideias.

21. Conheça seu inimigo

Ainda que você não acompanhe, nem goste de futebol, provavelmente já ouviu em algum lugar a expressão "tomou bola nas costas". Significa que alguém do próprio time, em vez de jogar a bola na frente do companheiro para que ele pudesse dar sequência à jogada, deu uma de "inimigo" e jogou a bola nas costas, atrapalhando o desempenho dele.

No campo da comunicação, poderíamos usar essa mesma expressão com algumas adaptações: a pessoa dá uma de "inimiga" e joga a bola nas próprias costas. Como ela conseguiria fazer isso? Entre as diversas possibilidades, poderíamos citar, por exemplo, o orador que começa uma apresentação dando sua opinião sobre um assunto polêmico. Ao agir assim, poderia causar ainda mais a resistência daqueles que pensam de maneira diferente. Esse é um bom exemplo de alguém que joga a bola nas próprias costas.

Outros "inimigos" do orador são as expressões viciosas e cacoetes. Eles prejudicam o resultado das apresentações porque chegam a distrair os ouvintes e tiram a concentração deles. Excesso de termos e expressões como "então", "tipo assim", "na verdade"; levantar seguidamente os braços, coçar insistentemente a cabeça, trocar com frequência o microfone de uma mão para a outra, alternar o descanso do corpo ora sobre uma das pernas, ora sobre a outra, essas atitudes se constituem em um verdadeiro veneno para o sucesso de quem se apresenta diante de grupos de pessoas, e até mesmo durante uma conversa.

> *Relevância*: os vícios de comunicação podem tirar a atenção dos ouvintes, tirar o brilho e a beleza da comunicação e prejudicar a imagem do orador.

Observe bem se não foi atacado por um desses inimigos e procure se livrar deles o mais rápido possível.

Nem sempre essa é uma tarefa simples. Vai exigir disciplina e até boa dose de obstinação. As pessoas usam essas expressões e esses tiques sem ter consciência, por isso é difícil afastá-los definitivamente da comunicação. Algumas pessoas chegam a ficar revoltadas, não se conformam como podem fazer o que não desejam, mesmo sabendo que é prejudicial para a sua imagem e para o resultado de suas apresentações.

Gravar as próprias conversas e apresentações, de preferência com a câmera do celular, poderá ser muito útil para tomar consciência da presença desses inimigos e começar uma batalha para deixar de jogar bolas nas próprias costas.

> *Sugestão*: gravar algumas conversas e analisar se faz uso de alguns vícios, especialmente os "né?", "tá?", "ok?" e o "ãããã, ééé".

Comunicação do dia a dia

1. As pessoas gostam de falar, mas têm dificuldade de ouvir

Para quem quer falar melhor, saber ouvir bem é essencial. Mas, em tempos apressados, é um desafio e tanto. Isso porque nosso cérebro trabalha em velocidade quatro vezes maior que nossa capacidade de falar.

Com o pensamento em grande velocidade, a capacidade de concentração quase sempre fica comprometida. Não é por outro motivo que muitas vezes tentamos terminar mentalmente as frases dos outros ou nos perdemos em divagações enquanto ainda estão falando.

> *Relevância*: ouvir com atenção é importante para compreender a mensagem, além de uma boa forma de aprendizado e ótima oportunidade para conhecer as características e necessidades das pessoas.

Outra questão a ser considerada: nossos ouvidos são egoístas, só gostam de ouvir informações agradáveis ou ideias com as quais concordamos. Quando ouvimos algo que nos contraria, instintivamente criamos um bloqueio e nos desligamos das novas mensagens. Essa é uma constatação científica.[3]

Se, por exemplo, observarmos o comportamento de eleitores de dois candidatos políticos durante um debate, vamos verificar que aqueles que torcem para determinado candidato só prestarão atenção no que beneficia o político da sua predileção e no que contraria o oponente. Os eleitores do outro candidato agem da mesma maneira.

Deixamos de prestar atenção também por preconceito, por causa da complexidade do assunto, ou, ao contrário, por este ser elementar demais.

O primeiro passo para se aprimorar como ouvinte é, de maneira consciente, prestar atenção. Fazer esforço para se concentrar. Então, mãos à obra!

---

3. Estudos realizados por Hans Sebald em 1962. Sebald, H. Limitações da Comunicação: mecanismos de retenção da imagem sob a forma de percepção, memória e distorção seletivas. *Journal of Communication*, n. 12, p. 142-149, 1962.

Um bom treinamento é frequentar aulas e palestras que coloquem sua atenção à prova. Seu desafio é o de não se distrair com problemas pessoais. Nesse exercício você tentará ignorar o barulho das cadeiras, das pessoas tossindo ou de um avião passando. Dirija sua atenção apenas para quem estiver falando.

E um desafio ainda maior: procure entender antes de querer interpretar ou criticar. Anote o que achar mais interessante. No final, tente recordar quais foram as informações mais importantes e faça um relatório do que se lembrar.

Em pouco tempo você sentirá a diferença.

> *Sugestão*: ter sempre papel e caneta à mão para anotar as informações mais relevantes de uma apresentação, reunião ou aula. Ao final do evento, tentar recordar o máximo possível da mensagem que foi abordada.

2. Suas tentativas de puxar papo acabam "no vácuo" em segundos?

Se você tenta conversar com as pessoas, mas sente que elas não reagem às suas interações, é bem provável que você esteja fazendo perguntas fechadas em momentos em que deveria fazer perguntas abertas.

Perguntas fechadas são aquelas que pedem respostas curtas, objetivas, como "sim" e "não", ou ainda um nome, um número, um lugar etc. Por exemplo, quem? quando? onde?

– Quem chegou de viagem ontem?
– O Gabriel.
– Quando o Raul concluiu o curso?
– Ontem.
– Onde faz suas refeições?

– No restaurante.

Esse tipo de pergunta atrapalha o bom andamento da conversa quando você deseja que o interlocutor fale por mais tempo. São questionamentos que levam as pessoas a dar uma única resposta, quase sempre lacônica. Essas perguntas não deixam a conversa fluir e provocam aquele silêncio social, quase sempre muito desagradável. São ótimas para iniciar uma conversa ou mudar o rumo do assunto discutido, se seguidas de perguntas mais abertas.

Para que a conversa tenha fluência e motive o interlocutor a falar mais demoradamente, as perguntas devem ser abertas: "Por quê?", "Como?", "De que maneira?" são alguns exemplos desse tipo de questionamento. Observe a diferença que ocorreria na conversa se essas perguntas fossem utilizadas:

> *Relevância*: saber entabular uma conversa agradável é um ótimo caminho para conquistar a simpatia das pessoas e ampliar o relacionamento.

– Por que você estuda aqui?

– Porque eu e minha família moramos próximo da escola. E essa é uma grande vantagem, pois não precisamos de transporte para vir até aqui.

– Eu me mudei há pouco tempo, também vou estudar na região. Como é a escola de vocês?

– A escola é ótima. Os professores são bem preparados, gentis e dedicados. Só tome cuidado com a professora de matemática. Ela é terrível!

E, assim, com esse tipo de questionamento, você estimula respostas mais longas e variadas. A partir dessas respostas mais amplas, você terá condições de aproveitar as informações fornecidas para complementar com outras perguntas e novos comentários. Com esses pequenos cuidados, você poderá tornar as conversas mais interessantes.

> *Sugestão*: aprender a fazer perguntas fechadas para iniciar a conversa ou mudar de assunto. Por exemplo, "Quem?", "Quando?", "Onde?". Aprender a fazer perguntas abertas para permitir que o interlocutor fale mais. Por exemplo, "Por quê?", "Como?", "De que maneira?".

3. Quer ter uma boa resposta? Faça uma boa pergunta!

Imagine que você tenha assistido a uma apresentação ótima e chegou a hora das perguntas. Você levanta a mão e... sabe o que perguntar ao palestrante? E por quê? A qualidade da pergunta pode ser positiva ou não para a sua imagem. Perguntas "bobinhas", sem relação com o tema da apresentação, demonstram dificuldade de entendimento ou interesse apenas em se destacar. Ao contrário, perguntas bem feitas, elaboradas com critério, podem ser indicativas de atenção, interesse e preparo.

> *Relevância*: uma pergunta bem feita demonstra preparo, educação, boa formação e é um ótimo indicador de interesse e atenção.

A maioria sabe que essa avaliação pode ser feita, mas alguns não dão a importância que o assunto merece. Nas palestras, aulas ou reuniões, fazem questionamentos inconvenientes que são prejudiciais à sua reputação.

Ter consciência de que as perguntas devem ser bem elaboradas é meio caminho andado para não levantar questões indevidas. Outro ponto a ser considerado é a tendência que algumas pessoas têm de transformar suas perguntas em verdadeiros discursos. É muito chato quando alguém que deveria fazer um simples questionamento faz uma verdadeira arenga. Parece até que a pessoa quer concorrer com o apresentador, chefe ou professor. E, em alguns casos, quer mesmo. Só que, em vez de ganhar pontos, conquista antipatia.

Não caia nessa!

Lembre-se: o momento é para o público tirar dúvidas e fazer perguntas a respeito do assunto que foi tratado, e não para você aparecer.

Por isso, não enrole: perguntar exige objetividade. Procure falar com volume de voz suficiente para que todas as pessoas presentes possam ouvir. Por isso, ou use o microfone, se houver algum disponível, ou, sem perder o contato visual com o palestrante, se volte para a parte da plateia onde a acústica possa ser favorável para o entendimento dos ouvintes.

Se, ao responder, o apresentador não esclarecer sua dúvida, peça novamente a palavra e explique o que perguntou. Depois disso, agradeça. E deixe que outras pessoas também exponham suas questões.

Se julgar que a sua pergunta não acrescentará nada à reunião, seja consciente e prefira ficar calado.

> *Sugestão*: analisar sempre se a pergunta que pretende fazer está dentro do contexto do tema e procurar formulá-la com objetividade.

4. As pessoas identificam os próprios defeitos, mas têm vergonha de falar das próprias qualidades

É quase matemático. Basta pedir para que uma pessoa relacione alguns de seus pontos positivos e como resposta ouvimos: ãããã, ééééé. Sim, quase todos têm dificuldade para falar de suas qualidades. E, quando precisam mesmo falar de suas características positivas, geralmente começam pedindo desculpas.

> *Relevância*: só existirá eficiência na fala se existir segurança, e só existirá segurança se existir consciência das próprias qualidades de comunicação.

Por outro lado, se pedirmos para que alguém mencione alguns de seus defeitos, rapidamente, até com certa facilidade, ouvimos várias de suas falhas. De maneira geral, as pessoas têm mais facilidade para falar dos seus defeitos que de suas qualidades.

Ter consciência das próprias qualidades de comunicação é fundamental para que alguém se sinta mais seguro e confiante. Por isso, comece já a desenvolver o autoconhecimento positivo, identificando os aspectos bons na sua forma de se expressar. Depois, identifique aqueles que possuem potencial para ser desenvolvidos com prática, estudo e observação.

O autoconhecimento pode ajudar você a vencer o nervosismo e a afastar o desconforto e o desagradável revoar de borboletas no estômago em frente a uma plateia. E também a acabar com as distorções de sua imaginação, que o faz pensar que receberá críticas dos participantes. Essa é uma questão importante, já que, na quase totalidade dos casos, essas críticas não ocorrem.

Observe sua voz. Verifique o volume, a velocidade, o ritmo, a dicção. Leitura em voz alta pode ajudar bastante a aprimorar esses aspectos da sua fala.

Avalie também a sua expressão corporal. Analise a postura, a gesticulação, a expressão facial. Note como se comportam os bons oradores e procure verificar quais detalhes já fazem parte da sua maneira de se expressar e aqueles que poderiam ser conquistados com algum treinamento.

E o seu vocabulário é bom? Encontra as palavras com facilidade? É importante saber ainda se você é uma pessoa bem-humorada e se faz uso da presença de espírito. Se souber contar histórias interessantes, inclua essa qualidade entre seus pontos positivos.

Sugestão: observar se possui boa voz, bom vocabulário, boa expressão corporal. Verificar também se sabe contar uma boa história, se tem presença de espírito, se possui bom humor.

---

5. Aprenda a dizer não e a confrontar quem faz mal a você

Saber dizer NÃO no momento certo e de forma adequada é uma habilidade que pode ser conquistada com disciplina, observação e treinamento. A maioria tem dificuldade para recusar convites e pedidos. Assim como não sabe sugerir aos outros que mudem suas atitudes ou comportamentos inadequados.

Entre ficar chateado por não ter falado o que precisaria dizer e deixar que a outra pessoa fique magoada pelo que você disse, prefira fazer aquilo que faça com que se sinta bem. Pessoas que não respeitam o espaço dos outros, invadem a privacidade, agem com atitudes condenáveis e, como consequência, prejudicam o bem-estar alheio devem ser advertidas. Se você não tomar a iniciativa de confrontá-las, irá se sentir mal e frustrado por não ter tomado a decisão acertada. Talvez elas se chateiem com as suas observações, mas quem estava se portando de forma incorreta eram elas. Não é justo que você fique desconfortável com o comportamento inapropriado dos outros.

> *Relevância*: quem sabe dizer não demonstra personalidade firme e evita dissabores na convivência com amigos, familiares e colegas de trabalho.

Os maiores problemas das pessoas que precisam ser assertivas são não saber o instante certo para conversar e ficar alteradas no momento de falar. Não se deve ter esse tipo de diálogo nos corredores, em reuniões, diante de outras pessoas ou em momentos de muitos afazeres. Marque um horário para a conversa, para que não sejam interrompidos, e escolha um local reservado. Mesmo que o interlocutor reaja mal, esteja pronto para manter o equilíbrio e a serenidade. Só o fato de saber que deverá manter essa tranquilidade já é um passo para acertar.

Você deve ponderar com cuidado se o que vai dizer precisa mesmo ser falado. Aborrecer as pessoas com assuntos menores, só para impor um posicionamento, chega a ser deplorável. Relevar o que pode ser deixado de lado, sem levar tudo a ferro e fogo, é tão admirável quanto saber falar o que deve ser dito na hora certa.

Afora essas situações, não empreste o que não desejar. Não faça o que julgar inconveniente. Não aceite propostas que gostaria de recusar. Assim irá se sentir melhor.

> *Sugestão*: sempre que alguém fizer um pedido que possa provocar constrangimento ou prejuízos, avaliar se não seria mais adequado recusar a solicitação. É preferível ficar chateado por dizer não do que fazer algo que não está de acordo com a sua vontade.

6. Aprenda a hora certa de se rebelar

Não gesticule desse jeito. Não use esse linguajar. Não inicie dessa forma. Não conclua dessa maneira. Ufa, o que não faltam são regras para nos orientar. O problema é que algumas dessas recomendações, que tinham como objetivo nos ajudar, acabam por nos escravizar.

As regras quase sempre são boas, pois foram desenvolvidas com base na observação dos erros e acertos dos oradores ao longo do tempo. Ora, por que cometer os mesmos deslizes que outras pessoas cometeram se podemos evitá-los? Se você diz: "Ah, não sei como agir em determinada situação", uma regra poderá ajudá-lo. Siga este caminho que poderá atingir um bom resultado. Por outro lado, se depois de refletir bastante, pesar os prós e os contras, concluir que determinadas regras deveriam ser desconsideradas por julgar que irá se sair melhor de outra forma, vá em frente.

> *Relevância*: as regras são boas quando ajudam e melhoram o desempenho na comunicação, mas atrapalham quando limitam a expressividade plena do orador.

Deixe as regras de lado e faça o que achar que será mais adequado para aquela circunstância. A responsabilidade pelo sucesso ou fracasso de sua apresentação será sua.

Por exemplo, embora o uso de gírias e palavrões seja desaconselhável na maioria das situações, não significa que você não possa se valer dessa linguagem em determinados momentos. Há situações em que uma gíria ou palavrão bem contextualizado chega a tornar a apresentação mais solta, leve e arejada. Essa descontração pode até permitir que se aproxime mais dos ouvintes.

O que precisa ficar claro é que você pode recorrer às regras em praticamente todas as situações, pois elas serão o apoio de que necessita para se sentir seguro e ter certeza de que se sairá bem nas suas apresentações. O que você não deve fazer é fechar os olhos e achar que nenhuma delas pode ser quebrada. E aqui, ironicamente, vai mais uma regra boa para ser seguida: quando você tiver o domínio de determinada regra, estará em condições de questioná-la, pois saberá como agir para enfrentar a situação. É como se criasse suas próprias regras. Se, entretanto, ainda estiver usando a regra com precauções, pois está em fase de aprendizado, ou aperfeiçoamento, espere até que a tenha sob controle antes de pensar em dispensá-la.

Sugestão: analisar sempre se a comunicação não poderia ser mais eficiente se determinada regra fosse desconsiderada.

---

7. O poder irresistível de um elogio sincero

Quando uma pessoa percebe que houve sinceridade no elogio que recebeu, se sente bem e tende a desenvolver um sentimento de simpatia por quem a elogiou. O elogio verdadeiro pode ser identificado até com facilidade, pois as palavras encontram respaldo na realidade. Por exemplo, se alguém elogia o esforço de um profissional que se dedicou de forma obstinada para atingir e superar determinadas metas, o próprio resultado alcançado será suficiente para constatar que as palavras elogiosas foram verdadeiras.

> *Relevância*: elogiar com sinceridade promove a aproximação com os ouvintes, conquista a plateia e torna a comunicação mais simpática.

Por outro lado, se o elogio for vazio, poderá ser visto como bajulação. Por exemplo, se a pessoa diz a um grupo que todos ali são brilhantes, sem citar nenhum feito concreto que ateste o que foi dito, as pessoas podem desconfiar da veracidade do comentário. Nesse caso, o resultado é inverso. Quem recebe um elogio e não acredita que ele seja sincero, começa a duvidar de tudo o que a pessoa diz, mesmo que as informações sejam verdadeiras. Portanto, os elogios são muito bem-vindos, desde que sejam autênticos.

O esforço para se fazer um elogio falso ou verdadeiro é praticamente o mesmo. Por que, então, dispender energia para dizer algo que não é autêntico? O bom elogio é aquele que a pessoa faz sem desejar nenhuma vantagem. No máximo pretende criar um ambiente amistoso. É preciso ter cuidado também para não banalizar os elogios. Aquele que distribui elogios a torto e a direito para todas as pessoas, em todos os momentos, pode não ser visto com bons olhos. Quem age assim passa a impressão de que se vale sempre desse artifício para conseguir algum benefício.

O elogio é uma arma poderosa também para quem fala em público. O orador pode elogiar o público a qualquer momento, mas o instante mais indicado é o início, já que é nessa etapa da apresentação que ele deve se empenhar para conquistar os ouvintes. Por exemplo, agradecer o esforço que as pessoas fizeram para estar ali, tendo enfrentado o mau tempo e o trânsito complicado que praticamente paralisou a cidade. Todos saberão que as palavras são autênticas, pois tiveram mesmo de driblar todos esses obstáculos. Vão se sentir valorizados e bem recepcionados.

Sugestão: analisar se o elogio é mesmo sincero e verdadeiro. Ter consciência de que elogios falsos são vistos como demagógicos e tiram a credibilidade.

8. Você está entre as pessoas que costumam rir das próprias gafes e defeitos?

Este é daqueles conselhos que é mais fácil dar do que seguir. Nós mesmos vigiamos as nossas ações o tempo todo para verificar se estamos seguindo as nossas próprias sugestões. O desafio é o de aprender a rir das gafes e deslizes que cometemos. A nossa tendência, quase sempre, é a de tentar justificar o que aconteceu. Na maioria dos casos, essas explicações não funcionam, pois as pessoas percebem que estamos apenas tentando nos proteger.

Quem consegue rir de seus próprios deslizes demonstra grandeza e confiança. Está acima dessas vaidades que nos tolhem e nos impedem de desenvolver convivências mais livres e descontraídas. Ao rir de suas características físicas

> *Relevância*: não se levar muito a sério demonstra estado de espírito elevado, segurança e desprendimento.

e das gafes que cometeu, a pessoa demonstra também que não se leva tão a sério e permite que os outros se desarmem e se aproximem sem resistências.

Observe como é bom conviver com pessoas que se comportam dessa forma mais descompromissada. Se errarem, elas mesmas tomam a iniciativa de fazer uma autogozação e brincar com suas falhas. É muito diferente daquelas que ficam se explicando, pois, nesses casos, nós temos até dificuldade para nos aproximar, com receio de magoá-las. Esse comportamento as afasta do bom convívio social.

Por outro lado, ninguém deve sair por aí fazendo propaganda de seus defeitos. Essa conduta pode ser ainda mais prejudicial, pois acaba por destacar aspectos que talvez nunca fossem percebidos. Como é que um subordinado poderia, por exemplo, tomar a iniciativa de dizer a um superior hierárquico que é muito desorganizado e não consegue se relacionar bem com seus pares? Com certeza ele não seria visto com bons olhos. Se, entretanto, o fato já for conhecido, nada de se esconder atrás de desculpas.

Esse deve ser um aprendizado de todos os dias. É impressionante como tendemos a ter recaídas. Quando pensamos que já conseguimos atingir um bom estágio nesse processo, lá estamos novamente dando explicações esfarrapadas sobre as nossas atitudes. Por isso, é bom ficar sempre vigilante e praticar esse comportamento com frequência, até que se torne natural na nossa maneira de ser.

Sugestão: mesmo sendo difícil, aprender a rir das próprias gafes e características físicas. Em vez de tentar se justificar, fazer a autogozação.

9. Faça um ótimo investimento sem gastar um centavo: seja gentil!

Você já notou que alguns profissionais muito competentes e preparados não conseguem envolver os ouvintes? Fazem apresentações extraordinárias, muito bem elaboradas a partir de pesquisas e larga experiência, mas não tocam o público.

Relevância: ser gentil não custa nada e conquista a simpatia e admiração das pessoas. É uma prática que ajuda a projetar a imagem de maneira positiva em todos os ambientes.

E há aqueles que sem dificuldade seduzem qualquer tipo de plateia onde quer que se apresentem. Em alguns casos, até sem conteúdo de tão boa qualidade.

A diferença entre um e outro, quase sempre, está na forma gentil e amável como se apresentam. A gentileza é a arma mais eficiente para conquistar a simpatia das pessoas.

No contexto das apresentações em público, a gentileza atua como recurso de persuasão, afastando resistências e colocando os ouvintes sempre a seu lado. As pessoas, naturalmente, torcem pelo seu sucesso e aceitam com boa vontade as ideias que você defende.

E como é ser gentil?

Ser gentil não significa agir como um bajulador. Quem atua assim desperta a desconfiança nos ouvintes e perde a credibilidade. Ser gentil é usar um tom de voz amável, empregar palavras elogiosas e generosas, ter sempre uma atitude honesta e ética. Um sorriso verdadeiro, que sai de dentro, sem afetação é irresistível nesse processo de conquista. Nesse conjunto entra um ingrediente especial: o semblante. Deve haver sempre coerência entre a gentileza da mensagem transmitida e a expressão da fisionomia.

A gentileza está também na maneira sincera como o orador valoriza a importância dos ouvintes e reconhece o esforço que fizeram para comparecer à apresentação.

No dia a dia, no relacionamento com as pessoas com as quais convivemos, a gentileza está em pequenos atos: fazer um agradecimento, dizer "por favor", "obrigado", ajudar quem esteja realizando tarefas que exijam esforço e dedicação. Enfim, colaborar de forma espontânea e generosa com alguém que precise de ajuda.

Por isso, dedique algum tempo a esta reflexão: como você tem agido com as pessoas ao seu redor? Será que elas o veem como alguém gentil, amável, simpático?

> *Sugestão*: praticar atitudes gentis em todas as circunstâncias. Dizer obrigado e por favor são formas simples e eficientes de ser gentil.

10. A importância de ser uma pessoa elegante

> *"Elegância é a arte de não se fazer notar, aliada ao cuidado sutil de se deixar distinguir."*
> Paul Valéry

Ninguém tem dúvida de que uma pessoa elegante, de maneira geral, é mais admirada e até respeitada nos ambientes que frequenta. Quais são, entretanto, os atributos que levam alguém a ser visto como portador dessa qualidade? Para essa resposta, vamos recorrer aos ensinamentos deixados por uma mulher que se transformou em sinônimo de elegância: Carolina Herrera.

> *Relevância*: elegância demonstra bom gosto, valoriza a imagem e conquista prestígio e admiração nos ambientes.

Venezuelana de nascimento, foi morar nos Estados Unidos e desde 1981 passou a viver em Nova York. Entre as décadas de 1970 e 1980 foi considerada uma das mulheres mais bem-vestidas do mundo. Mesmo depois de ter completado 80 anos de idade, continuou sendo admirada, e seus conselhos sempre foram ouvidos por todos aqueles que desejavam se comportar com bom gosto.

Quando o assunto é elegância, tema sobre o qual conquistou muita autoridade, além de suas opiniões serem sensatas, são também marcantes e taxativas: "A elegância não está definida apenas pela roupa que usa. Está em como você anda, como fala e no que lê".[4] A elegância, portanto, pode ser vista não apenas na maneira de se trajar, mas em um conjunto de fatores que precisam ser considerados.

Além da roupa

Ou seja, de nada adianta envergar uma belíssima roupa se tiver um jeito desengonçado de andar. Da mesma forma, o traje não ajudará muito se ao abrir a boca as pessoas perceberem falta de educação ou conteúdo vulgar dos livros que anda lendo.

Sobre a educação, Carolina Herrera externou filosofia ainda mais incisiva: "A educação é o principal vestido para a vida".[5] Não há como contestar. Quantas vezes observamos pessoas vestindo roupas simples, sem nenhuma sofisticação, compradas em lojas populares, mas que im-

---

4. HERRERA, 2019.
5. QUIROZ, 2019.

pressionam pela forma elegante como falam e se comportam. Boas roupas ajudam muito, mas não bastam em voo solo para se ter elegância.

Bernard Shaw e Pigmaleão

Inspirado na mitologia grega, o romancista irlandês George Bernard Shaw escreveu uma peça teatral que se transformaria em sua obra-prima, *Pigmaleão*. Sua história fez muito sucesso também no cinema com o título de *My Fair Lady*. Shaw descreve a aposta que o professor de fonética Henry Higgins fez com seu amigo Coronel Hugh Pickering: transformar em apenas seis meses Eliza, uma vendedora de flores que possuía um irritante sotaque *cockney*, próprio da classe trabalhadora londrina, numa dama da alta sociedade.

Assim como Pigmaleão, na mitologia grega, com seu trabalho de escultor, transforma um bloco de pedra em uma mulher linda e perfeita, Galateia, na história do ensaísta irlandês, também Eliza, com o trabalho do professor Higgins, se torna uma admirável socialite, não apenas pelas roupas que começa a vestir, mas principalmente pela forma como passa a se expressar e se comportar no meio social.

Pessoas consideradas elegantes são sempre admiradas e bem recebidas nos meios sociais e no mundo corporativo. A forma quase sempre discreta como se vestem; a maneira como falam, com tom de voz agradável, pronunciando bem as palavras; o jeito como constroem as frases, concluindo naturalmente o pensamento. Tudo em harmonia com a gesticulação, a postura e a expressividade do semblante. Os temas que abordam são sempre elevados, com a profundidade exigida pela adequação da circunstância. A fala e a postura se constituem em elementos essenciais da elegância.

Investindo na elegância

Vale a pena refletir se você não poderia promover pequenas alterações em cada um desses aspectos do seu comportamento. Observe a forma como anda, senta, gesticula, ri. Avalie seu tom de voz. Será que não seria possível torná-lo mais agradável? Analise as brincadeiras que faz. Talvez fosse o caso de moderar aquelas que até provocam risos mas que não contribuem muito para a projeção de uma boa imagem.

Só o fato de pensar um pouco sobre esse tema já poderá ser um bom início. A experiência mostra que nesse processo o resultado é tão gratificante que a pessoa se anima a buscar cada vez mais aprimoramento. É um investimento que não custa nada e que pode trazer benefícios incalculáveis.

> *Sugestão*: a elegância não está apenas no vestir, mas também nas atitudes e no comportamento. Por isso vale a pena observar a forma como se senta, anda, gesticula, usa o tom da voz.

11. Intimidade demais pode atrapalhar

"De perto ninguém é normal."
Caetano Veloso

Esta história é bastante curiosa. Quando convidamos o ex-presidente Jânio Quadros para participar de uma das solenidades de formatura do nosso curso de Expressão Verbal, tivemos o cuidado de segurar as pessoas que queriam porque queriam falar naquele evento. Segura aqui, cerceia ali, bloqueia acolá, mas qual o quê! Vaza um, escorrega outro, escapa mais um, e a tribuna ficou repleta de "penetras".

> *Relevância*: o uso de linguagem descontraída, solta e até irreverente pode, às vezes, aproximar o orador de seus ouvintes. Quando, entretanto, o limite do bom senso é ultrapassado, o resultado passa a ser negativo.

Tudo gente boa de microfone. Todos muito experientes, encantadores de plateias. E essa turma falou, falou, falou. O público adorou.

Aparecia um contando uma história interessante, em seguida outro com um caso mais instigante ainda, e assim foram se sucedendo os oradores. Sem contar que os formandos também iam para o microfone transmitir uma mensagem. Curtinha, mas todos falavam.

Podemos dizer que aquele desfile de oradores se transformou num verdadeiro show de oratória. Uma aula que incluiu todos os aspectos relevantes que os alunos haviam estudado e praticado durante meses em sala de aula. Sem contar que os mais traquejados de tribuna sempre davam um toque especial com alguma novidade, que enriquecia ainda mais o aprendizado dos alunos.

Não sabiam eles, entretanto, que o melhor ensinamento ainda estava para acontecer. Talvez aquela turma de formandos e seus convidados até tenham se esquecido dos discursos que ouviram naquela manhã de sábado, mas da aula que receberam de Jânio Quadros, jamais! Um primor de ensinamento.

Os limites da intimidade

Durante o curso, os estudantes de oratória aprendem sobre intimidade com a plateia. Ouvem reiteradamente que, quanto mais natural e próximo das pessoas estiver o orador, mais eficiente será o resultado de suas apresentações. Essa proximidade afasta resistências e torna o orador mais simpático aos olhos do público. Mas esses alunos também são ensinados sobre os perigos do excesso de intimidade.

Se a proximidade é vista como algo positivo, então, qual seria o perigo em nos relacionarmos de maneira mais íntima com os interlocutores? O risco é essa aproximação demasiada deixar a pessoa excessivamente despoliciada e relaxada, o que poderia levar a uma linguagem mais desleixada e, em determinados casos, quase vulgar. Os cuidados com os detalhes passam a ser desconsiderados e, como consequência, talvez prejudiquem a autoridade de quem se apresenta.

O excesso de aproximação pode levar a uma intimidade que nem sempre é positiva. O risco ao se ficar muito à vontade é o de se tornar negligente com o comportamento e a forma de se expressar.

Quem costuma falar em público pode brincar, ser descontraído e se expressar com leveza, mas deve ficar atento para aquela espécie de linha delimitadora que, se ultrapassada, pode vir a manchar a imagem, às vezes de forma irreversível.

Essa intimidade pode ser negativa, por exemplo, quando nos apresentamos frequentemente diante de um grupo de pessoas em reuniões de trabalho, tanto no relacionamento com pares da própria empresa como com clientes e fornecedores.

A aula de Jânio Quadros

E a história do Jânio? Afinal, o que ele tem a ver com essa conversa toda? Como dissemos, vários oradores se apresentaram naquele evento. Quando chegou o momento de o ex-presidente falar, a plateia já estava exausta, desatenta, sem ânimo para se concentrar em discursos, por mais carismático que fosse o orador.

Tendo experimentado toda sorte de desafios ao longo de sua bem-sucedida carreira como orador, Jânio percebeu logo que o público estava distante e que precisava trazer os ouvintes de volta à realidade. Por isso, interrompeu a mensagem que transmitia, fez uma longa e expressiva pausa, coçou o queixo, acertou os cabelos e contou a seguinte história:

> Recorda-me, por exemplo, quando proferia conferência em uma das universidades de São Paulo, e chamo conferência pomposamente a uma palestra, um aluno que me interpelou pouco mais ou menos assim: "Você poderia dizer-me...?". Eu cortei o cerce. Disse a ele: "Você é uma contração do pronome vossa mercê, muito utilizado pelos senhores contra os seus escravos. Já ouviu falar em Benjamin Franklin? Não, eu não me refiro

ao inventor dos para-raios, mas sim ao orador, ao diplomata. E ele disse certa vez com propriedade: 'A intimidade só produz aborrecimentos e filhos'. E com o senhor, não desejo nem uma coisa, nem outra".

Assim, de maneira magistral, arrancou gargalhadas da plateia e trouxe a atenção dos ouvintes de volta àquele ambiente. E deixou com essa brincadeira, que foi um excelente recurso de comunicação, um ensinamento importante: que intimidade demais pode produzir aborrecimentos.

Portanto, seja cauteloso. Faça todas as brincadeiras que desejar. Procure se aproximar o máximo possível dos ouvintes. Saiba, entretanto, que existe uma armadilha à espreita no meio do caminho. E ela será acionada quando os limites do bom senso não forem respeitados.

Sugestão: avaliar sempre se a linguagem é adequada ao contexto da apresentação e às características dos ouvintes. No caso de dúvida, é preferível não arriscar.

---

12. Como desenvolver um papo interessante e projetar bem a sua imagem

"Esses que puxam conversa sobre se chove ou não chove não poderão ir para o céu! Lá faz sempre tempo bom."
Mario Quintana

Por que será que alguns conseguem ser interessantes e sedutores nas conversas, mantendo a atenção das pessoas por tempo prolongado, enquanto outros, por mais que se esforcem, são verdadeiros espalha rodas, dispersando os grupos assim que se aproximam? Esse magnetismo pessoal independe de beleza física, status social ou condições financeiras. Pessoas envolventes sabem conversar e ser agradáveis.

Observe que esses bons de papo são habilidosos já na escolha dos assuntos que abordam. Se tratam de matérias polêmicas, como política ou religião, nunca batem de frente com ninguém. Conseguem perambular por esses temas como se concordassem com todos, independentemente das preferências de cada um.

> *Relevância*: falar na medida certa – e sobre temas interessantes – é a forma mais apropriada para ser bem recebido nas rodas de conversa e ser admirado em todos os ambientes.

Jamais querem ter razão ou levar vantagem nas discussões. Entendem o ponto de vista daqueles que pensam de forma diversa da sua, identificam suas convergências e, se a conversa debandar para discussões inconvenientes, imediatamente encontram um jeito habilidoso para mudar o rumo do tema. Não que deixem de discutir, mas sabem o limite que não deve ser ultrapassado para não estabelecer animosidades ou confrontos desnecessários.

Quem conversa como se desse aula é um chato

Os bons conversadores não se preocupam em sempre tratar as matérias com profundidade; ainda que o tema seja atraente, de maneira geral, procuram abordá-lo na superfície. Mesmo que conheçam muito bem o conteúdo, têm consciência de que, se tentarem esmiuçá-lo, correm o risco de se tornar chatos.

Falam de maneira mais ou menos periférica de comida e bebida, viagens, lazer, moda, beleza, arte, design e tantos outros assuntos que despertam curiosidade e promovem uma boa troca de ideias. Usam a sensibilidade para medir o interesse das pessoas e, assim, identificar a profundidade adequada com que o tema deve ser abordado. Sempre que podem, conversam contando pequenas histórias. Elas são mais cativantes.

Quem é bom de conversa evita falar muito a respeito da sua atividade profissional, de doenças, de questões familiares, especialmente de empregados e filhos, transtornos com reformas, compras vantajosas, desavenças com colegas de trabalho e parentes etc. E fazem de tudo para não tomar o tempo das pessoas contando histórias longas, mostrando álbuns de fotografias ou vídeos pessoais.

Saber quais assuntos estão na moda exige só um pouco de dedicação. As revistas, jornais e, principalmente, os portais de notícia são excelentes fontes de pesquisa. De maneira geral, trazem cadernos ou seções especializadas em diferentes temas. Uma rápida olhada poderá ser suficiente para se inteirar de tudo o que merece ser discutido.

Pesquise os assuntos que estão à nossa volta. Procure saber um pouco sobre arte, cinema, música, viagens, lazer, moda, literatura. O aprendizado sobre esses temas não deve se transformar em sacrifício para você. Selecione aqueles que lhe são agradáveis. Na verdade, se você não sentir prazer em falar sobre um assunto, pode ter certeza de que as outras pessoas também não se interessarão por ele.

Durante a conversa, é conveniente não querer dar uma de professor, tentando ministrar aulinhas, pois a maioria das pessoas não gosta muito de quem se comporta como um sabe-tudo, dono da situação, aproveitando as oportunidades para defender teses cansativas. Essa é uma verdade para quase todas as situações, pois são raros os casos daqueles que querem saber de pormenores sobre determinado assunto.

Na verdade, o bom conversador se limita a levantar um tema interessante para iniciar a conversa e depois só participa fazendo perguntas que estimulem o bate-papo e dando algumas opiniões. É como se fosse um ciclista que dá pedaladas para manter a marcha. Faz parte das características de quem sabe conversar usar a emoção na medida certa. De forma geral, a conversa deve ser animada.

Segundo o neurobiólogo chileno Humberto Maturana, na sua obra *A ontologia da realidade*, a boa conversa é uma via de mão dupla:

> Para que nós, seres humanos, possamos interagir nas conversações, é necessário que haja uma convergência de quereres, de desejos, que eles se-

jam estimulados e instigantes, a tal ponto que nos levem a permanecer em "interações recorrentes", até que a emoção acabe e com ela também o linguajar.[6]

Algumas habilidades do bom conversador

Quem sabe conversar é competente nas tiradas espirituosas e sabe contar histórias curtas, instigantes, totalmente contextualizadas com o assunto da conversa. Fica atento para observar se todos estão participando, e, se nota alguém meio deslocado, com perguntas simples, procura trazer a pessoa para o centro da conversa. Quem não gostaria de uma pessoa que se comporta assim?

Ficou claro que podemos encontrar assuntos interessantes até com certa facilidade, mas como saber se o tema irá mesmo cativar as pessoas? Não é difícil deduzir que alguns temas que possam nos interessar nem sempre irão ao encontro do que as pessoas desejam tratar. Um bom recurso para tirar essa dúvida é prestar atenção nas conversas, verificar quais fatos animam mais e procurar abordá-los.

Assuntos que realmente interessam

Frequentemente são publicados estudos que revelam quais são os assuntos mais discutidos em cada país e no mundo. Ali são mencionados temas de toda sorte, desde arte até comidas e bebidas. Aí está uma boa fonte de pesquisa para desenvolver conversas interessantes. Sabendo que esses temas são atrativos, são boas também as chances de manter a atenção das pessoas tocando nesses assuntos. Se, entretanto, perceber que determinado grupo não está muito disposto a falar sobre esses temas, nada impede que encerre o que estiver dizendo e mude para algo que seja mais atraente.

---

6. MATURANA, 1999. p. 278.

Não há regra imutável para ter uma conversa estimulante. Em certas situações, falar de futebol, do tempo e até de experiências pessoais pode despertar grande interesse. É provável que você até encontre alguém que goste de ver álbuns de fotografia ou assistir a vídeos familiares. Não é comum, mas pode ocorrer. Por isso é preciso ficar sempre muito atento para descobrir as preferências das pessoas com as quais conversamos.

Talvez não exista nada mais importante na comunicação que aprender a conversar bem. O fato de você saber que essa habilidade é relevante para manter um bom relacionamento com as pessoas já é o primeiro passo para acertar. É bom ter sempre em mente que além de futebol, política e atividade profissional há uma infinidade de assuntos que podem manter uma conversa atraente.

Também deve ser considerado o silêncio na boa conversa. Saber ouvir em silêncio quando alguém se expressa, além de sinal de respeito, é sobretudo um indicativo de boa educação e inteligência. Não se deve, contudo, exagerar nessa prática. Aprendemos no Eclesiastes: "Há tempo de calar e tempo de falar".

Essa sabedoria vem de longa data entre aqueles que se dedicaram à arte da conversação. José Guerreiro Murta, na sua obra *Como se aprende a conversar*, publicada em 1925, conta esta curiosa anedota:

> Um pai recomendou ao seu filho tolo quando ia casar que, no banquete das bodas, não falasse para não se dar a conhecer. Um dos convidados, vendo-o em tanto silêncio, disse em voz baixa a outro: "Este moço deve ser tolo, porque nada fala"; e o jovem noivo ao ouvir isto disse ao pai: "Meu pai, agora posso falar, porque já me conheceram".[7]

---

7. MURTA, 1925. p. 99.

> *Sugestão*: falar só o necessário. Evitar temas polêmicos. Mudar o rumo ou interromper a conversa quando o assunto provocar discussões acaloradas que não respeitam argumentos ou ponderações.

13. Invista no bom relacionamento com as pessoas e seja mais feliz

A tecnologia está cada vez mais presente em nossa vida. Por causa dela, profissões estão desaparecendo e a forma de ver o mundo, se transformando. A única saída para não sucumbirmos a ela é a inteligência emocional, a capacidade de nos relacionarmos bem com as pessoas.

> *Relevância*: o bom relacionamento abre portas, ajuda a resolver problemas com mais facilidade e torna as pessoas mais próximas e felizes.

Por isso, não adie a decisão de se aprimorar na arte de se dar bem com os que estão à sua volta. Essa mudança de comportamento, embora seja complexa, é também das mais importantes para atingir elevados graus de felicidade.

Como, por exemplo, desenvolver a comunicação para se aproximar ainda mais das pessoas do seu círculo familiar, social e até daqueles com quem precisa conviver no ambiente de trabalho.

Investir em mudanças para melhorar o relacionamento com as pessoas não é fácil. Exige esforço e perseverança. Afinal, você estava tão confortável no seu cantinho, por que arrumar sarna para se coçar? Pois é, a maioria pensa dessa forma e, por isso, continua a fazer tudo do mesmo jeito que sempre fez. Abandonar a velha trilha requer disciplina e desprendimento. Mas vale a pena.

Qualquer mudança é complicada, mas as de comportamento se mostram ainda mais delicadas. E não adianta só estar consciente da importância de tomar um novo rumo e prometer que vai mudar, é preciso agir. Por que será que quase sempre não levamos a cabo as nossas promessas de mudança, especialmente para nos relacionarmos com as pessoas? Podemos pensar em pelo menos dois motivos: o primeiro é não ter iniciado a realização do plano. Como poderia, por exemplo, cumprir a promessa que fez a você mesmo de se aproximar de pessoas com as quais não mantém muito contato se nem sequer tomou a iniciativa de procurá-las? O segundo é desejar resultados diferentes fazendo tudo do mesmo jeito. Talvez este último seja o mais frustrante; você faz, mas não atinge os objetivos previstos. Ou seja, quer melhorar o relacionamento, tenta se aproximar das pessoas, mas, por não mudar a maneira como as tem tratado, elas permanecem distantes.

Uma boa explicação sobre atingir objetivos

O psicoterapeuta Flávio Gikovate, ao discutir sobre o papel das pequenas resoluções em nossas vidas, nos fala a respeito do papel da disciplina. Ele afirma: "Disciplina, na minha opinião, é a capacidade que permite à razão ser mais forte e vencer nossas vontades e nossa preguiça".[8]

Diz ainda que a consequência natural para quem se propõe um objetivo e tem disciplina e força de vontade para realizá-lo é uma autoestima maior, mais robusta, e uma autoconfiança valiosíssima para o bem-estar. Para nos aproximarmos das pessoas e melhorarmos nosso relacionamento com elas é preciso essa disciplina. Manter um diálogo num determinado dia e, mesmo que não tenha sido bem-sucedido, não desanimar. De forma disciplinada e insistente continuar na busca dos objetivos traçados.

Para iniciar com sucesso esse processo de aproximação com as pessoas, é preciso ponderar a respeito desta questão: Por que é tão difícil se entender com as pessoas, falar livremente sem grandes problemas, demonstrando sua consideração e seu afeto?

Primeiro, temos de levar em consideração que partimos do nosso jeito de ser, de sentir e de pensar para nos comunicar com o outro, um ser diferente de nós. Achamos que ele irá compreender tudo – pala-

8.   GIKOVATE, 2000.

vras, atitudes, emoções – exatamente como temos em nossa mente e em nosso coração, o que acaba por levar a distorções de sentido, a mal-entendidos difíceis de serem explicados e até a agressões. Se respeitar essas diferenças, a aproximação será mais tranquila.

Se você resolver dar esse passo, mas estiver distante demais dessas pessoas, comece de leve. Nada de fazer sermão ou cobrar mudanças de conduta. Aproxime-se apenas para conversar, se divertir, contar umas piadas e rir sem reservas. Você conhece bem o pessoal da sua família e talvez já tenha uma boa ideia de como sejam seus colegas de trabalho, e, por isso, sabe mais ou menos quais são as características de cada um.

Respeite o jeito de ser de cada um

Para conviver bem, esse cuidado é essencial. Uns são mais diretos e objetivos, outros preferem explicar os fatos com detalhes e pormenores, e há ainda os que são mais explícitos em seus afetos e os que se escondem atrás de uma couraça protetora de indiferença. Enfim, são pessoas diferentes e que possuem maneiras próprias de se relacionar. Aí é que está o segredo da boa comunicação – falar de acordo com a personalidade e o jeito de ser de cada um.

Não espere para pensar nas pessoas da família ou nos amigos apenas quando ficarem doentes, estiverem distantes ou morrerem. Não, aproxime-se deles agora, e faça do bom relacionamento com eles a base da sua disposição para viver bem. Como dissemos, dá trabalho, exige dedicação, mas os resultados são muito compensadores. E mais, além de melhorar o relacionamento e tornar o ambiente mais agradável, é também um excelente exercício de comunicação, que será útil em todas as circunstâncias da vida.

> *Sugestão*: investir em relacionamentos sinceros, desprovidos de interesses e que proporcionem prazer na convivência. De vez em quando, procurar os amigos apenas para saber como estão, mesmo que seja para uma conversa de poucos minutos.

Comunicação corporativa

1. Entenda as consequências da timidez e da confiança para quem fala na vida corporativa

Na arte de falar, independentemente de ser na vida corporativa ou no relacionamento social, o que parece um defeito, em determinadas circunstâncias, chega até a ser uma qualidade.

Você já deve ter ouvido a velha máxima "o gramado do vizinho é sempre mais verde". Com a comunicação não é muito diferente. É comum uma pessoa mais tímida admirar aquela mais extrovertida: "Ah, como eu gostaria de falar com essa facilidade!".

Saber se é vantajoso ser um pouco mais tímido ou um pouco mais extrovertido dependerá sempre do contexto avaliado. Portanto, se você for tímido ou extrovertido, fique atento para não fazer avaliações equivocadas. Observe também nos próximos capítulos como agir se você estiver dentro de um ou outro perfil.

> *Relevância*: ser tímido não significa necessariamente um comportamento negativo. Desde que seja controlada, a timidez pode até ser um aspecto positivo na comunicação.

Ser extrovertido, de maneira geral, parece ser sempre uma característica muito positiva. E geralmente é. Ocorre, entretanto, que os extrovertidos podem cair em armadilhas por excesso de confiança (como já vimos no início do livro).

Ser muito tímido pode ser ruim. A pessoa inibida, introvertida, que se apresenta sempre demonstrando desconforto, dá a impressão de que não possui domínio sobre o assunto que transmite. Como consequência, os ouvintes o avaliarão como não tendo autoridade para falar sobre o tema. E por não ter autoridade não terá também credibilidade.

Essa característica frágil poderá prejudicar o resultado das apresentações e, em certas situações, especialmente na vida corporativa, projetar uma imagem profissional negativa. Com péssimas consequências para a carreira. Quando um executivo fala em público está também representando a imagem da empresa, e, se por acaso se sair mal, é a reputação da organização que poderá ser comprometida. Mas você verá que ser tímido também pode ser positivo.

A aparência de extroversão chega a ser, em determinados casos, apenas uma defesa. A pessoa tímida, para disfarçar esse sentimento, fala mais alto, dá gargalhadas sonoras, faz gestos mais largos, mas no fundo são artifícios utilizados para que os outros não o vejam como tímido.

Na nossa escola, por exemplo, é comum recebermos altos executivos que na conversa inicial procuram ocultar o desconforto que sentem para falar em público. Quase sempre dizem que já foram inibidos lá no início da carreira, mas, com o tempo, com a experiência das reuniões, no contato com profissionais de outras empresas, foram se desembaraçando. Enfatizam que hoje, se precisarem ministrar uma palestra ou fazer qualquer tipo de apresentação, enfrentam a plateia sem maiores problemas.

Ocorre que, enquanto falam a respeito desse tema, sem que se deem conta, esfregam ou apertam nervosamente as mãos, engolem em seco, desviam os olhos, cruzam e descruzam as pernas, enfim, dão todas as indicações de que o comportamento deles não corresponde ao que estão dizendo.

Passado um tempo, quando se sentem mais confiantes para participar do treinamento, confessam que na verdade o motivo de terem procurado a escola é que não se sentem tão à vontade quando precisam enfrentar o público, e que tentam camuflar essa falta de confiança.

Quantos apresentadores e artistas renomados de televisão, que falam todas as semanas em seus programas, muitos até com plateias, em determinado momento acabam por revelar que são pessoas tímidas?

Wilhelm Reich afirma, na obra *Análise do caráter*, que a linguagem humana atua – "interfere na linguagem da face e do corpo".[9] Por isso, a "expressão total de um organismo" deve ser "literalmente idêntica

---

9. REICH, 1988. p. 335.

à impressão total que o organismo provoca em nós". E conclui que "muitas vezes, a palavra falada esconde a linguagem expressiva do núcleo biológico".

Não é por outro motivo que os psiquiatras ouvem a palavra de seus pacientes, mas também, e principalmente, em muitos casos precisam "auscultar" a mensagem transmitida pelo corpo. Podem saber assim o que efetivamente a pessoa está dizendo.

Portanto, se você for uma pessoa tímida ou extrovertida de verdade, saiba que o importante é saber como usar esse sentimento a seu favor quando precisar falar em público ou conversar com as pessoas no dia a dia.

Como disse Clarice Lispector: "Desculpem eu ser eu. Quero ficar só! grita a alma do tímido que só liberta na solidão. Contraditoriamente quer o quente aconchego das pessoas".[10]

> *Sugestão*: não deixar que a timidez seja um obstáculo nas conquistas pessoais e profissionais. Desenvolver o hábito de falar "para fora", ou seja, com volume de voz que projete sua personalidade. Evitar fugir do contato visual e se proteger cruzando os braços ou apertando as mãos.

2. Saiba projetar bem a sua imagem, especialmente nas entrevistas

Quantas vezes pessoas muito bem preparadas são preteridas na seleção de candidatos porque não sabem como valorizar seus conhecimentos durante as entrevistas. Ou se expressam mal, ou elegem aspectos da sua formação prática e acadêmica que não vão ao encontro dos anseios da organização.

A maneira de falar nas entrevistas é extremamente importante para o sucesso do candidato. Uma boa seleção é feita com pretendentes que,

---

10. LISPECTOR, 2018. p. 523-525.

> *Relevância*: a maneira de falar nas entrevistas pode ser decisiva para o sucesso do candidato. A forma de se expressar pode ser tão importante quanto o conhecimento e experiência.

de maneira geral, possuem o mesmo preparo intelectual e a mesma experiência profissional. A decisão ficará entre aqueles que demonstrem ser mais confiantes e articulados, pois, em qualquer tipo de atividade, esses requisitos serão fundamentais na busca de diagnósticos e solução de problemas.

Nunca será possível prever todas as circunstâncias que cercam uma entrevista, por isso vamos sugerir alguns pontos que podem ser utilizados em qualquer situação:

- Converse da maneira mais natural possível, mas com alguma formalidade. Fale com moderação: nunca seja prolixo nem muito lacônico.
- Procure demonstrar simpatia e bom humor, mas sem fazer gracinhas. Esse também não é o momento para usar excesso de gírias ou palavrões.
- Mantenha o olhar no entrevistador, mas sem ficar encarando.
- Ouça tudo com atenção – e evite interromper o entrevistador. Ao responder, vá direto ao assunto, não enrole.
- Jamais faça críticas aos seus ex-empregadores.
- Se tiver alguma dúvida sobre a empresa, pergunte. Essa atitude será valorizada, pois é assim que você deverá agir quando estiver trabalhando lá. Evite fazer perguntas que possam ser respondidas com rápida pesquisa na internet.
- Se não tiver muita experiência na área da vaga, saliente suas qualidades para que a empresa avalie seu potencial de desenvolvimento.
- Fale sempre com ânimo e disposição. Só tome cuidado para não exagerar.
- Procure destacar qualificações suas que possam ser aproveitadas no cargo para o qual está se candidatando.

" Faça uma lista mental das suas conquistas profissionais. Relate as metas que superou, as soluções que encontrou, os desafios que enfrentou com bons resultados, as grandes contas que conquistou, enfim, tudo que possa mostrar a sua competência e o seu potencial.

" Cuidado com a postura para não demonstrar que está muito inseguro ou acanhado.

> *Sugestão*: falar com naturalidade, como costuma fazer ao conversar de maneira animada com amigos e familiares. Não falar demais. Também não falar de menos. Evitar fugir dos temas que são levantados pelo entrevistador.

3. Fique de olho... em você!

Ao participar de uma reunião, tudo o que você disser ou deixar de dizer estará sendo avaliado pelos seus pares. Na verdade, as pessoas vão ficar de olho se você é ou não participativo. Por exemplo, se permanecer boa parte do tempo com aquele olhar perdido, de alheamento, distante, vão deduzir que você não é um profissional comprometido e interessado nos assuntos da organização. Por outro lado, se fizer anotações, tirar dúvidas, fizer perguntas pertinentes, der sugestões apropriadas para encontrar soluções aos temas discutidos, não será difícil imaginar que é um profissional envolvido e dedicado.

> *Relevância*: a atitude participativa é indicação de interesse e envolvimento do profissional com os assuntos da empresa.

Essas atitudes, aparentemente simples e óbvias, constroem a reputação de um profissional. Essa credibilidade conquistada no dia a dia ajuda muito no desenvolvimento da carreira. O profissional que angariou imagem positiva a partir do comportamento exemplar nas reuniões consegue, por exemplo, aprovar seus projetos e propostas com mais facilidade.

Entra nesse pacote de atitudes profissionais a forma como você se refere aos colegas de trabalho. Nunca fale de alguém pelas costas e esteja seguro de que seus comentários sejam a respeito das ideias, nunca sobre questões pessoais.

Tenha em mente que quem fala da vida de outra pessoa está, na realidade, extravasando seus medos e anseios, suas angústias e frustrações. Esta máxima é antiga e repetida à exaustão, mas define bem o contexto que estamos analisando: quando Pedro fala de Paulo, sei mais de Pedro que de Paulo.

Quando os colegas ouvem alguém criticando quem está ausente, não têm dúvida de que, quando não estiverem presentes, o risco de que essa pessoa faça o mesmo com eles é considerável.

Para saber se um comentário deve ou não ser feito, basta responder a esta questão: se essa pessoa estivesse presente, eu falaria na frente dela o que estou comentando agora? Se a resposta for negativa, o melhor é se calar.

Ter atitude participativa e não fazer comentários negativos a respeito de pessoas que estejam ausentes são cuidados importantes para construir uma boa imagem profissional.

Sugestão: dar opinião ponderada e objetiva sobre os temas discutidos. Olhar com atenção para quem estiver falando. Olhar na direção de todos quando estiver com a palavra.

---

4. Assuntos que tocam a realidade dos profissionais dão mais resultado

Não importa o assunto que você tenha de tratar, para dar resultado ele precisa sempre tocar os ouvintes. Você não pode, por exemplo, chegar numa reunião da empresa com a mensagem pronta e fazer a apresentação apenas pensando no conteúdo em si. Para envolver o público, é preciso saber antes quais são as adaptações necessárias para que a informação vá ao encontro das expectativas, do interesse e da realidade dos ouvintes.

As perguntas que você sempre deve fazer antes de se apresentar diante do público são estas:

- Quais são as expectativas dos ouvintes para esta apresentação?
- O que efetivamente interessa à plateia?
- Qual a realidade do público que precisa ser considerada?

A resposta a cada uma dessas questões ampliará de forma considerável as chances de sucesso na hora de falar em público. Muitos, entretanto, preparam sua mensagem sem analisar as adaptações que deveriam fazer para conquistar os ouvintes.

Vamos imaginar que você seja especialista em finanças e tenha sido convidado para falar num evento que discute o meio ambiente. As pessoas estão ali para ouvir informações relacionadas ao tema do encontro. Se você se ativer apenas aos aspectos da sua área de atuação, sem levar em conta os objetivos dos ouvintes, talvez não encontre grande receptividade.

> *Relevância*: os ouvintes ficam mais interessados quando o assunto vai ao encontro da sua realidade.

Por isso, relacionar o tema às características do público se torna ponto prioritário em sua apresentação. Nesse caso hipotético, você poderia comentar sobre as modalidades de financiamento para projetos importantes de preservação da natureza e a diferença de custos de cada um deles.

Agindo assim, atenderia aos dois objetivos: falaria sobre um assunto relacionado ao meio ambiente, atendendo às expectativas dos ouvintes, e continuaria confortável, pois estaria discutindo algo dentro do campo financeiro, que é a sua especialidade.

Observe que a delimitação desse tema dentro dos aspectos específicos do assunto que motivaram a presença das pessoas naquele evento instigaria a atenção e o envolvimento do público, fazendo com que todos percebessem que a apresentação foi elaborada com a finalidade de atender à demanda do encontro.

De maneira geral, os exemplos e ilustrações, quando são relacionados à circunstância dos ouvintes, como se tivessem sido planejados para a realidade da plateia, podem se constituir em excelente recurso para fazer essa aproximação do tema com o interesse do público.

Da mesma forma, informações que estejam mais próximas no tempo e no espaço podem provocar mais interesse que aquelas distantes da realidade das pessoas. Um fato mencionado como exemplo ocorrido hoje no local onde vivem os ouvintes poderia ser mais atraente ao público que outro ocorrido há dez ou vinte anos em uma região distante.

Se você falar para um grupo de advogados, não diga "ouvintes", "clientes", "empresas". Substitua por "advogados", "escritórios de advocacia". Da mesma forma, se forem "engenheiros", "médicos", "professores", "jornalistas". Só o fato de se referir a eles pela denominação profissional poderá fazer com que tenham a sensação de que a mensagem foi elaborada para a realidade deles.

Se você analisar bem, não é uma tarefa difícil e pode produzir excelentes resultados.

Sugestão: adaptar a mensagem de tal maneira que ela possa estar próxima da realidade dos ouvintes.

---

5. Perceber uma mensagem enganosa faz parte da boa comunicação

"É um prazer dobrado enganar quem engana."
Jean de La Fontaine

Todos nós já ouvimos falar em conto do vigário. É uma expressão antiga que acabou por se transformar em uma espécie de sinônimo para qualquer tipo de golpe. Mesmo que a tecnologia tenha modificado totalmente a forma como os vigaristas atacam suas vítimas, ainda assim alguns tratam os mais diferentes golpes como sendo conto do vigário. Perceber que alguém não está sendo correto quando fala também faz parte do processo de comunicação. Por isso, prepare-se para se defender.

Você já deve ter se perguntado várias vezes: como é que pessoas, aparentemente, tão bem preparadas acreditam em certas inverdades vomitadas por alguns políticos? Não é possível que não parem para pensar por um instante que as palavras deles não se sustentam sequer pela mais elementar confrontação com dados da realidade!

> *Relevância*: estar atento às armadilhas é a melhor defesa para não incorrer em erros ou tomar decisões equivocadas.

Pois é, e o curioso é que quanto mais elevado é o nível intelectual, mais a pessoa encontra argumentos para apoiar sua tese, ainda que com bases insustentáveis. O historiador da ciência estadunidense Michael Shermer, em sua obra *Cérebro e crença*, diz: "Pessoas inteligentes acreditam em coisas estranhas porque têm mais talento para racionalizar suas crenças por motivos nada inteligentes".[11]

Por necessidade de proteção intelectual, por exemplo, o indivíduo busca argumentos que possam fortalecer sua tese, independentemente de serem ou não razoáveis. O malandro tem consciência, ainda que intuitiva, dessa característica humana, e se vale dessas lacunas analíticas para atingir seus objetivos. Esses desviados da honestidade possuem um poder de sedução que encanta, envolve e persuade com extrema competência. Mesmo que a pessoa queira ser refratária a qualquer investida, sempre terá um ponto vulnerável que poderá transformá-la em presa. Por essas e outras, redobre os cuidados.

---

11. SHERMER, 2012. n.p.

Esse é um fenômeno presente não só na vida política, mas também no mundo corporativo. Se assim não o fosse, muitos projetos injustificáveis, que transformaram empresas centenárias em terras arrasadas, não teriam sido implantados. Apresentados com irrepreensíveis dados estatísticos e as projeções mais bem estruturadas, esses planos, aparentemente, não teriam como fracassar. Só depois do tsunami é que se pôde perceber suas incontáveis imperfeições.

Não é por outro motivo que integrantes de conselhos das mais importantes organizações se submetem a cursos e treinamentos constantes para aprender a questionar e duvidar das mais brilhantes propostas apresentadas pelos executivos de suas empresas. Mesmo que estejam convencidos de que a ideia seja excelente, por dever de ofício, precisam pelo menos fazer de conta que estão céticos com relação aos dados expostos. E exigem que as informações sejam repetidas de forma mais convincente, abordando novas perspectivas. E mesmo assim acabam caindo no canto da sereia.

Como dizia um dos mais renomados economistas da história brasileira, Roberto Campos: "A estatística é como biquíni, mostra tudo, mas esconde o essencial". Observe o que ocorre no mercado financeiro. Sempre que uma empresa entra em recuperação judicial ou vai à falência, as falhas nas análises para concessão do crédito saltam aos olhos. Mas isso depois da porta arrombada.

Para que não nos tornemos vítimas desses espertinhos cheios de boa lábia, toda a precaução é pouca. Tanto na política quanto na vida corporativa ou nas atividades pessoais do dia a dia, fiquemos atentos. Quando menos nos dermos conta, lá estará um malandro à espreita para nos seduzir com uma conversa envolvente que só os vigaristas sabem ter. Promessas de "políticos honestos", propostas de "executivos brilhantes" e xaveco de malandro estão sempre à nossa volta aguardando um instante de vacilo e prontos para nos aplicar o conto do vigário.

Assim, quando um subordinado, colega ou até mesmo superior hierárquico chegar com uma proposta admirável, tenha equilíbrio para questionar todos os ângulos do que esteja sendo apresentado. Esse zelo, desde que não se transforme em paranoia, evidentemente, poderá livrá-lo de boas enrascadas.

> *Sugestão*: desenvolver o hábito de se perguntar sempre: "E se essa informação não for correta?". Sem que a atitude se transforme em paranoia, essa desconfiança evita problemas e consequências indesejáveis.

6. Quando falar ou não com eloquência na vida corporativa

Em conferência realizada na Academia Brasileira de Letras, Josué Montello fez uma importante citação sobre a eloquência: "Se a sociedade mergulha numa fase de crise, logo a eloquência dá de si, com sua impetuosidade, a sua ira, o seu destemor e o seu fulgor verbal". E, para exemplificar o acerto de sua afirmação, menciona fatos que marcaram a história: "E é Cícero contra Catilina, e é Danton pregando a revolução, e é Rui Barbosa ateando a coluna de fogo da Campanha Civilista".

Se quisermos trazer para a nossa realidade, não será difícil constatar que na fase em que vivemos momentos de esplendor, elogiados pelas mais importantes economias mundiais, não houve praticamente nenhuma voz "eloquente" que se opunha ao governo.

> *Relevância*: saber o momento adequado para ser veemente e se expressar com energia é imprescindível para mostrar experiência e maturidade profissional.

Portanto, as pessoas se expressam elogiando, criticando ou mantendo neutralidade de acordo com as circunstâncias em que vivem. Um velho chavão pode ser aplicado nesse contexto: "Em casa que não tem pão, todo mundo grita e ninguém tem razão".

Não chega a ser diferente na vida corporativa. Quando a empresa está nadando em lucro, conquistando e mantendo seu mercado e sendo procurada pelos melhores talentos profissionais, até faz corte de gastos aqui e ali, mas dificilmente toma decisões radicais. Os discursos são amenos e conciliadores.

Por outro lado, quando o momento é de penúria, com os credores batendo à porta e os estoques repletos por falta de venda, o que mais se ouve nos corredores e nas salas de reunião é gritaria. E aquele que não falar alto, não se inflamar em suas apresentações, correrá o risco de ser visto como desinteressado e alheio aos problemas enfrentados pela empresa. Nesse caso, os discursos são eloquentes e combativos.

Por isso, não se comporte na fartura da mesma forma como age na escassez. Seja um observador permanente. Quando as nuvens escuras prenunciam que dias amargos se aproximam, seja um dos primeiros a demonstrar que crise se combate com luta, determinação e atitude. Ao perceber, entretanto, que os momentos são promissores, tenha um comportamento adequado à situação, diminuindo a veemência e se integrando à harmonia do time para aproveitar esses instantes. Aquele que grita, cobra e ameaça insistentemente, mesmo em momentos de sucesso, acaba sendo visto como desequilibrado, desumano e uma pessoa com dificuldades para liderar uma equipe, pois essas atitudes farão com que os liderados trabalhem com medo e sem estímulo.

Haverá situações, porém, em que a prudência exigirá que se afaste da turbulência, pois o desespero pode cegar aqueles que, obrigados a agir, sem saber como se comportar, colocarão a guilhotina no primeiro pescoço que virem pela frente.

Assim como é fácil deduzir ainda que, debaixo de águas aparentemente mansas, pode haver correntes irrefreáveis, que carregam quem se colocar de forma indolente em seu caminho. Somente a lucidez e a observação constante mostrarão que adaptações devem ser feitas a cada momento, ora se expressando com eloquência, ora com serenidade. E em determinados ocasiões, nem de um jeito nem de outro.

> *Sugestão*: sempre se perguntar se aquele momento exige uma comunicação mais enérgica ou um comportamento mais sereno e equilibrado. Só essa preocupação já mostra o caminho a ser trilhado.

7. O pulo do gato para você ser promovido na empresa

Michael Korda publicou um livro muito curioso nos anos 1970. Intitulado *Power in the Office*,[12] a obra, que figurou em primeiro lugar na lista dos mais vendidos do *New York Times*, analisa quais ações os profissionais devem empreender para conquistar mais poder nas organizações.

Tirando os exageros de uma questão ou outra, e a necessidade de adaptação para a realidade brasileira contemporânea, as considerações são instigantes. Mesmo aqueles que não desejam conquistar mais poder poderão entender melhor como as pessoas agem para alcançar esse objetivo. São várias as questões discutidas por esse consagrado escritor inglês que se projetou nos Estados Unidos.

Relevância: embora o preparo e a experiência sejam fundamentais para a ascensão profissional, há outros fatores que podem ser considerados mais relevantes para o avanço na carreira.

Um dos pontos abordados se refere às promoções. Algumas de suas reflexões ficaram ultrapassadas nessas últimas décadas, por exemplo, a preocupação com a sala que deve ser ocupada para facilitar o processo de promoção na carreira. Ele afirma que, quanto mais próximo o profissional estiver daquele que vai ser promovido, mais chances terá de ocupar o seu lugar. Hoje, a posição da sala talvez não seja tão importante. Os novos layouts dos escritórios das grandes empresas mudaram completamente. É muito comum ver profissionais que ocupam posições importantes se instalando na primeira baia que encontram livre, ou no lugar disponível na célula da

---

12. Aqui no Brasil foi lançado com o título *O jogo do poder na empresa*.

sua equipe. Sem contar o costume do home office, que se torna cada vez mais generalizado. Portanto, vamos nos ater a alguns fatores que se aproximam mais da nossa realidade.

Bem, se a mudança de sala não vale tanto para os dias de hoje, o que pode ser significativo para a promoção? Inicialmente, uma consideração básica do autor:

> Quase todo mundo acha que merece ser promovido, por mais alto que já tenha subido. Já que o número de posições declina à medida que aumenta o nível de poder, a maioria dos indivíduos está fadado a viver insatisfeito e com inveja.[13]

Ulalá, começamos a entender melhor os motivos de tanta competição e, em casos mais graves, as inescrupulosas puxadas de tapete. Se, por um lado, esse fato é desgastante para o relacionamento entre as pessoas que atuam na mesma empresa e aspiram às mesmas posições, por outro, serve de motivação, já que, se não existisse a disputa pelas promoções, a tendência seria a de se acomodarem.

Essa inveja, essa disputa por aspirar às mesmas posições não é novidade no mundo. Aristóteles esclarece bem por que há inveja nessas circunstâncias: "Todos os atos, todos os bens capazes de suscitar ambição, rivalidade, desejo intenso de glória e todos os dons da fortuna dão quase sempre origem à inveja".[14]

E afirma ainda:

> Como porfiamos com nossos rivais em matéria de esporte e de amor e em geral com todos que ambicionam os mesmos bens que nós, necessariamente a inveja se manifestará relativamente a essas pessoas, donde o conhecido prolóquio "o oleiro sente inveja do oleiro".[15]

---

13. KORDA, 1976.
14. ARISTÓTELES, [s.d.]. p. 123.
15. ARISTÓTELES, [s.d.]. p. 124.

Vamos ponderar a respeito de alguns aspectos do livro de Korda. O objetivo é aproveitar suas reflexões na prática das ações dos dias de hoje.

Ser fiel pode valer mais que ser competente para ser promovido

Se pensarmos de maneira fria e racional, os motivos da promoção deveriam recair apenas no mérito. Sabemos, entretanto, que nem sempre se dá assim. Ocorre de a promoção se basear na reciprocidade àquele que foi fiel. Portanto, se você deseja ser promovido, além dos méritos que porventura tenha, não se esqueça de se mostrar parceiro daquele que tem o poder de decidir pela promoção.

Ser fiel, todavia, não pressupõe que o profissional seja um puxa--saco, embora esse comportamento deplorável possa também ser considerado. Leva em conta os momentos em que se mostrou solidário, arregaçou as mangas nos desafios em que os superiores tiveram de enfrentar, tomou a inciativa de levar soluções para as situações mais delicadas da empresa.

Em que momento você poderá ser promovido e como agir

Você poderá ser promovido quando o seu superior imediato for promovido, quando ele for demitido, quando ele pedir demissão, quando ele se aposentar ou quando a empresa crescer e abrir novas posições. O seu comportamento para cada uma dessas situações deverá ser distinto se você desejar mesmo ser promovido. Um erro de cálculo poderá representar sua permanência no mesmo posto por tempo indefinido.

Quando o superior for demitido

Se um profissional foi demitido, significa que os chefões não gostavam da maneira como ele trabalhava. É obvio que se você se apresentar com as mesmas características que ele, suas chances praticamente desaparecerão. Você precisa ser diferente. Se ele gostava de ficar o tempo todo fechado no escritório, você deve ser aquele que gosta de sair e circular. Se ele vivia batendo de frente com os superiores hierárquicos, você deve ser mais amistoso e menos beligerante. Por outro lado, se ele aceitava tudo de boca fechada, você deve mostrar que tem opinião e apresenta soluções alternativas àquelas que lhe são impostas. Enfim, vista-se de forma diferente, fale de maneira distinta, seja outro.

Quando o superior for promovido

Aqui a história muda de figura. Se o seu superior foi promovido, significa que gostam da maneira como ele se comporta. Assim, procure seguir a mesma linha e procure até imitar suas atitudes. Se ele for expansivo, seja também comunicativo. Se ele for do tipo mais quieto, fique na sua e mantenha o recato. Se ele gosta de visitar clientes ou promover reuniões com frequência, esse também deverá ser seu comportamento. Lembrando que nesse caso os resultados apresentados para a empresa também contarão muito.

Quando o superior se aposenta ou pede demissão

Nesses casos, os superiores hierárquicos ficam meio perdidos, pois, quase sempre, não têm parâmetros claros de comparação. Não possuem nada contra, como no caso do demitido, nem a favor, como no do promovido. Sabe qual é o risco? O de pensarem em contratar alguém de fora. Nesse caso, você ficará amargando o lugar na fila.

Por isso, mostrar-se fiel, solidário, proativo, dedicado e parceiro pode ser útil para a sua ascensão profissional. No caso de dúvidas, como ocorre quando alguém se aposenta ou pede demissão, sua presença, independentemente até da sua competência, poderá ser levada em consideração.

Você poderia dizer: "Ah, e se pensarem que sou um puxa-saco?". Você sabe que não é. Deixe que pensem. A carreira e a vida são suas. Cuide delas como julgar melhor.

Bem, ficam aí as reflexões de Korda. A contemporaneidade, naturalmente, trouxe novas condições de trabalho e novas formas de relacionamentos profissionais e humanos. Caberá a você observar quais são essas mudanças e que tipo de comportamento deverá adotar para que possa ter uma carreira cada vez mais promissora.

> *Sugestão*: mostrar-se sempre disposto a colaborar. Demonstrar envolvimento com os problemas da empresa. Sugerir soluções adequadas. Ser solidário com colegas e superiores hierárquicos. Agir de maneira oposta ao superior que foi demitido. Procurar seguir o exemplo do superior que foi promovido.

8. As conversas de bastidores podem tornar suas propostas matadoras

Será que quando um deputado apresenta um projeto na Câmara seus pares aprovam ou recusam sua proposta apenas pelo que ouvem naquele momento, durante a exposição que ele faz? Provavelmente não. É quase certo que, antes de falar diante dos seus colegas, ele manteve conversas de coxia, de pé de escada, e negociou exaustivamente com a maioria. Na vida corporativa não é diferente.

É ingênuo quem pensa que irá sempre convencer ou persuadir as pessoas sobre a relevância do seu projeto ou da sua proposta apenas no momento de apresentá-lo para os responsáveis pela aprovação. Se nessa circunstância alguém oferecer resistência às suas ideias, dependendo de como essa pessoa defender o ponto de vista que assumiu, mesmo que perceba estar equivocada, talvez não mude de opinião.

A vaidade profissional, os interesses pessoais, o receio de assumir riscos e a defesa da posição hierárquica são motivos inconfessáveis que levam algumas pessoas a não mudar de opinião depois de firmarem certo posicionamento diante de seus pares. Imaginam que se reconhecerem estar enganados poderão ser vistos como derrotados. Além dos aspectos profissionais, são norteados também pelas implicações pessoais.

> *Relevância*: as conversas de bastidores permitem que arestas sejam eliminadas, contribuem para que os pontos conflitantes sejam expostos sem as atitudes emocionais que normalmente ocorrem nas reuniões.

Por isso, antes de aparecer na reunião munido de todos os argumentos de que puder dispor, use a inteligência, a diplomacia e avalie com cuidado como cada um dos participantes da reunião poderia reagir diante das suas propostas. Procure entender como as ações que pretende implantar poderão afetar a posição dessas pessoas. Essa análise será fundamental para planejar sua estratégia.

Depois de estudar bem as características de cada um dos que estarão na reunião e o envolvimento deles com a proposta que irá expor, tente fazer um trabalho de bastidores com quem puder conversar individualmente, em especial com aqueles que você sabe que oferecerão resistência. Nessa conversa, procure explicar os benefícios do projeto para a organização e, se possível, o que o seu interlocutor também poderá ganhar.

O ideal é conversar com calma e tempo suficiente para aparar todas as arestas. Às vezes, entretanto, até um bate-papo no corredor, na porta do elevador ou na saída do estacionamento pode ajudar. O importante é a privacidade do contato, longe dos olhos e ouvidos daqueles que possam influenciar emocionalmente na tomada de decisão. O objetivo não deve ser o de manipular, mas sim o de esclarecer e persuadir.

Nessa conversa particular, será mais simples identificar quais são os pontos discordantes e que ajustes poderiam ser feitos para chegar a um denominador comum. Obtendo a concordância ou a quebra de resistência antecipada daquele que irá participar da reunião, talvez você até conquiste um aliado para a sua causa. Minando essas resistências antecipadamente, as chances de sucesso se ampliam.

Essa conversa antes da reunião não determinará necessariamente a aprovação de sua proposta, mas evitará que resistências inconsistentes surjam durante a apresentação. Para aumentar as chances de aprovação do projeto, após esse trabalho de bastidores, mantendo contato com os participantes da reunião, tome alguns cuidados importantes:

- Procure se preparar da melhor maneira que puder, para que sua causa seja vencedora.
- Escolha os argumentos mais consistentes, aqueles com força para convencer e persuadir as pessoas responsáveis pela decisão.
- Elimine os mais frágeis, que poderiam ser facilmente derrotados, e preserve aqueles que efetivamente contribuam para tornar sua causa vitoriosa.
- Se puder, inclua alguns comentários feitos nos bastidores, sem expor quem os fez nem dizer que foi um comentário, mas oferecendo soluções para aqueles problemas levantados.

Não se esqueça de avaliar com cuidado as objeções que poderá enfrentar, especialmente as que poderão surgir das pessoas com as quais não pôde conversar antes. Estude a maneira mais adequada para refutá-las. Assim você não será apanhado de surpresa. Se você estiver pronto para as possíveis resistências, estará em condições de ouvir com mais tranquilidade e serenidade e as afastará com mais eficiência.

Seja prudente também para não se preparar tanto para as objeções e tomar a iniciativa de refutá-las antes que sejam levantadas. Se fizer isso, correrá o risco de tentar se defender de resistências inexistentes. A partir do momento que citar a objeção que supôs existir, fará com que as pessoas tomem ciência, o que pode criar uma resistência para a qual você talvez não consiga encontrar defesa satisfatória. Só mencione o questionamento se estiver seguro de que ele existe.

A dúvida se transforma num dilema. As pessoas não se manifestam, mas poderão ter ou não a resistência em mente. Se a objeção existir e você não a refutar, no final não concordarão com a sua proposta. Se ela não existir e você tentar refutar, ela passará a existir. Nesse caso, o ideal seria apresentar os argumentos que afastariam as objeções sem mencionar que elas poderiam existir.

Observe que não adianta apenas elaborar um bom projeto, é preciso estabelecer estratégias adequadas para que as resistências sejam superadas e as opiniões contrárias vencidas. Tudo vai depender de avaliar corretamente quais benefícios sua proposta levará para a empresa, como as pessoas envolvidas poderão aproveitá-la em suas atividades e qual a maneira mais apropriada de apresentá-la.

> *Sugestão*: desenvolver o hábito de conversar separadamente com as pessoas envolvidas nas decisões a serem tomadas.

9. A importância da boa comunicação na carreira

Para ser bem-sucedido na carreira, a comunicação é uma competência essencial. Se, ao concorrer a um cargo, os candidatos possuírem a mesma formação e relativamente o mesmo preparo, onde estará a diferença entre um e outro? Quem se expressar melhor, com mais desenvoltura e for mais bem articulado levará vantagem.

Nas entrevistas, nas dinâmicas de grupo, essa competência é observada e avaliada com muito interesse. Os recrutadores sabem que na vida corporativa os profissionais precisam resolver problemas e encontrar soluções nas mais diferentes circunstâncias, e para isso dependerão da sua capacidade de comunicação.

Quando um profissional fala, é a própria empresa que está se expressando. Se ele se sair bem, a organização estará devidamente representada. Se, ao contrário, se sair mal, a reputação da companhia certamente ficará arranhada.

Por isso, esteja você ou não no mercado de trabalho, procure se aprimorar cada vez mais. A cada dia as empresas se tornam mais exigentes e criteriosas na formação de seus quadros. Embora a tecnologia ocupe cada vez mais espaço, ainda é o ser humano que conduz as organizações.

Em que patamar você se encontra hoje? Em que posição deseja chegar? Essa é a resposta

> *Relevância*: a comunicação eficiente talvez seja um dos aspectos mais importantes para o bom desenvolvimento da carreira. Quem fala bem está sempre em evidência e tem mais chances de demonstrar seu conhecimento e divulgar suas realizações.

que você deve procurar. Para atingir determinada função deve saber quais são os requisitos que precisam ser cumpridos. Avalie bem quais são os conhecimentos que precisará adquirir, quais as habilidades que terá de desenvolver e as lacunas que terão de ser preenchidas.

Provavelmente chegará à conclusão de que nesse processo ainda há muitas etapas a serem vencidas. Estabeleça objetivos, trace planos de como atingi-los, não desanime com possíveis dificuldades e... prepare-se.

Caberá a você e a mais ninguém cuidar do seu futuro. Domine os conceitos importantes da Matemática, do Português, da Tecnologia, da Lógica, da Oratória e de tantas outras áreas que precisará conhecer. Faça do seu preparo o recurso mais poderoso para as suas conquistas profissionais.

Ao se capacitar, terá o mundo em suas mãos. Não dependerá de sorte ou azar. E muito menos de alguém que possa ou não lhe abrir as portas. Você as abrirá naturalmente. Com toda certeza.

Sugestão: investir sempre na comunicação. Aproveitar todas as oportunidades para aperfeiçoar o estilo e a técnica de falar em público.

10. Como agir quando não querem ouvir seus argumentos?

"A arte da persuasão ultrapassa todas as outras, e é de muito a melhor, pois ela faz de todas as coisas suas escravas por submissão espontânea e não por violência."
Górgias

Há uma antiga teoria da Psicologia que se mostra cada vez mais atual: a reatância psicológica, que nada mais é do que a resistência a um processo de persuasão considerado indesejado ou cerceador da liberdade de escolha de um determinado comportamento. É aquela situação

> *Relevância*: para que uma argumentação seja vitoriosa, é importante afastar antes as resistências emocionais.

em que a pessoa sente que a sua liberdade para realizar ou não qualquer ação se mostra comprometida. Ela deseja se comportar de certa maneira, mas se depara com argumentos que tentam demovê-la de sua vontade.

Essa teoria foi elaborada pelo psicólogo norte-americano Jack Brehm. Segundo seus estudos, há reatância psicológica quando os indivíduos tentam recuperar a liberdade perdida ou ameaçada. Reagem nas circunstâncias em que se veem pressionados por argumentos contrários, que tentam fazê-los agir numa direção diferente daquela que estavam pretendendo. Ou seja, se mostram refratários ao processo de persuasão.

Barreira difícil de ser vencida

Essa posição adotada pelo interlocutor é difícil de ser combatida. Por mais coerente e lógica que seja a linha de argumentação adotada, independentemente de o ouvinte concordar ou não com o que esteja sendo exposto, pelo fato de se sentir ameaçado em sua liberdade, se coloca sempre na defensiva, seja para não concordar e ficar firme na atitude tomada, seja para agir em sentido totalmente oposto ao que tentam lhe mostrar – é o que Brehm chama de "efeito bumerangue".

Especialmente em situações delicadas como essa que estamos vivenciando, onde as pessoas estão o tempo todo com receio de perder sua posição profissional ou social, defendem-se das opiniões contrárias como se fossem ataques pessoais. Apresentam objeções emocionais a qualquer sugestão contrária às suas ideias.

Por isso, mais que estarmos preocupados com os argumentos que pretendemos utilizar para combater posições contrárias, precisamos lutar, antes de mais nada, para afastar essas defesas emocionais. Somente depois que a parte contrária não se sentir ameaçada pessoalmente é que poderá, sem resistências infundadas ou não, refletir a respeito das ideias apresentadas.

Um exemplo prático

Vamos imaginar uma situação bastante comum na vida corporativa: a discussão de um projeto. Como exercício, vamos supor que precisássemos atacar alguns pontos inadequados ou prejudiciais à nossa causa. Se lançássemos mão, como acontece na maioria das situações, da conjunção adversativa "mas" logo no início da exposição, não apenas seria mantida a posição adversa, como, possivelmente, aumentaríamos ainda mais a resistência oponente.

Por exemplo: "Estou de acordo com as propostas apresentadas pelo João Francisco para ampliar a nossa linha de produção, mas...". Ora, estaria muito evidente que a pessoa só concordava com a intenção de em seguida discordar. O defensor do projeto, nesse caso, iria se fechar ainda mais na posição que defendia.

Observe a diferença quando a concordância é mais abrangente sem o uso desnecessário da conjunção "mas". Atente para o cuidado de afastar antes as objeções emocionais: "Estou de acordo com as propostas apresentadas pelo João Francisco para ampliar a nossa linha de produção. Eu acompanhei seu trabalho desde o princípio. Sua primeira atitude foi a de reunir as melhores cabeças da nossa empresa, formando assim um time de primeira qualidade. Outro aspecto que merece elogios foi o cuidado de avaliar o que já existia no mercado, pois pôde assim, sem gastar desnecessariamente, trazer o que já estava pronto. Nada de querer inventar a roda".

Vamos ampliar um pouco mais essa fase de concordância: "e cauteloso como sempre foi, teve a precaução de analisar se os exemplos externos se adaptavam à nossa realidade. O que servia foi adotado, o que não cabia para a nossa cultura foi afastado. E ouvi aqui e ali que havia riscos no investimento, já que uma medida governamental poderia pôr tudo a perder. Quem pensou dessa forma não estudou o projeto como deveria ter estudado. João Francisco tem no seu projeto planos para curto, médio e longo prazo, podendo dessa forma dar o rumo que desejar em qualquer etapa da execução.

"Assim sendo, João Francisco, renovo os meus cumprimentos pela equipe que montou, pelo aproveitamento dos exemplos externos e pelo cuidado de estabelecer planos que podem ser modificados a qualquer momento. Tenho aqui uma pequena sugestão que talvez possa ser incluída em seus estudos".

A partir desse momento, como as defesas emocionais talvez tenham sido afastadas, é possível que ele se dispusesse a ouvir os argumentos com mais atenção.

Veja que, com essa estratégia, o profissional se sente valorizado, tem seu trabalho reconhecido e percebe que a equipe também foi enaltecida. São cuidados que às vezes se mostram trabalhosos, mas que podem fazer a diferença entre o sucesso e o fracasso no combate a uma posição contrária.

Vale a demonstração de solidariedade

A melhor tática para afastar essas objeções emocionais e evitar a reatância psicológica é se mostrar solidário, até com certa cumplicidade com a pessoa que resiste a qualquer tipo de argumentação. Se ele disser que não está se sentindo bem fisicamente, não diga "ah, isso não é nada". Será recomendável dizer "esse tipo de desconforto acaba com o dia, não deve estar sendo fácil para você".

Assim como se alguém disser "estou preocupado com a situação do departamento", não diga "esses problemas são normais, logo estarão resolvidos". Prefira dizer "é para estar mesmo, afinal, tudo acaba recaindo sobre as suas costas. Nem sei como suporta". Ao perceber que suas lamúrias encontram eco, ficará mais aberto a ouvir sugestões e ponderações.

> *Sugestão*: demonstrar com sinceridade que entende o ponto de vista do interlocutor. Dar apoio aos argumentos que o opositor apresentar. Com essa conduta, haverá condições de afastar as resistências emocionais e apresentar com mais vantagens os pontos de vista que defende.

11. Os caminhos da persuasão

Talvez não exista no universo da oratória anseio mais acalentado que este: conseguir que as pessoas façam o que desejamos. Concretizar esse objetivo pode significar também a conquista de poder, riqueza, fama, realização profissional e vitórias pessoais.

Nem todos, entretanto, desejam essas conquistas. Mas esta conversa não é para eles, é para você que as deseja, mas não sabe bem que rumo tomar. Ou sabe, mas gostaria de avaliar outros aspectos do processo de comunicação.

> *Relevância*: conseguir que as pessoas façam o que você deseja pode significar ter sucesso profissional e conquistas pessoais.

Independentemente da motivação para estudar oratória, há um componente obrigatório aqui: a ética. E a oratória deve sempre se subordinar a ela. Se o ingrediente ético não estiver presente, outras denominações podem ser utilizadas, menos oratória.

Deixando de lado as regras, o importante é refletir sobre esse tema e cada um tirar as próprias conclusões. Em todas as situações há alguns pontos que são fundamentais para o sucesso da comunicação.

Nem sempre as pessoas podem ser convencidas a fazer o que desejamos. Simplesmente porque o que queremos não é exatamente o que elas aspiram. Portanto, convencer alguém a fazer o que pretendemos implica levar a pessoa a agir de uma maneira que ela pode não estar disposta. Significa que devemos persuadi-la.

Persuadir vem do latim *persuadere*, que significa levar alguém a acreditar ou a aceitar uma conclusão, ideia, proposta. Fazer com que as pessoas ajam de acordo com nossa vontade, independentemente de estarem ou não dispostas a seguir na direção sugerida.

Nada substitui você. Sua autenticidade, retidão, conduta ética são os fatores mais eficientes de que poderia dispor para persuadir alguém. São essas munições poderosas que abrem o coração das pessoas. Ao tocar o coração do interlocutor, a mente dele se desarmará de resistências e avaliará com benevolência a mensagem que você deseja transmitir.

A persuasão também se apoia no argumento. Mas há momentos em que o argumento sozinho não consegue tornar uma causa vitoriosa. Se tomarmos o "exemplo", que é um argumento poderoso, por melhor que seja, normalmente servirá como um meio no processo de persuasão. Portanto, o argumento apoia, fortalece, sustenta, mas nem sempre persuade.

Como o processo de persuasão leva a pessoa a agir em determinada direção, mesmo sem ter necessariamente vontade de seguir por aquele caminho, ela precisa receber um estímulo para aceitar determinada proposta, ainda que seja contra a vontade. Nunca é demais ressaltar que a ética deverá ser a luz norteadora dessas ações.

Experimente, por exemplo, convocar os condôminos para participar de uma reunião e diga que o objetivo é votar assuntos relevantes para o edifício. Provavelmente terá de tomar as decisões com a presença de meia dúzia de gatos pingados. De maneira geral, esse argumento por si não estimula o comparecimento dos moradores. Para que se animem a comparecer, precisam ser persuadidos. Se você disser que os apartamentos ficarão muito desvalorizados se algumas medidas não forem tomadas na reunião, as chances de que se disponham a comparecer aumentam. Mesmo não desejando participar da reunião, irão comparecer, pois vislumbram algum tipo de benefício.

Não exagere no uso de determinado argumento só porque julga que ele possui importância, força e consistência. O uso prolongado de um argumento pode enfraquecê-lo a ponto de minar as possiblidades de persuasão. Por isso, resista à tentação e, por melhor que seja o argumento, use-o na medida certa.

Não exagere. Tão perigoso quanto usar um bom argumento por tempo prolongado é se valer de um número exagerado de argumentos. Seja criterioso e escolha apenas os melhores. Dessa forma, evitará que os ouvintes se dispersem e percam a concentração. Sem contar que, se fizer uso de muitos argumentos, correrá o risco de incluir algum que possa ser derrotado.

A derrota de um argumento poderá fazer com que cheguem à conclusão de que talvez todos os outros argumentos também não sejam consistentes. Um perigo que pode ser evitado com escolhas mais criteriosas.

Pense com a cabeça do ouvinte. Para persuadir, aprenda cada vez mais a pensar com a cabeça de quem ouve. Por exemplo, você apresenta um projeto. Se as pessoas estiverem interessadas em benefícios financeiros, pouco adiantará falar em segurança. Da mesma forma, se estiverem interessadas em segurança, de quase nada adiantará dizer que obterão grandes vantagens financeiras.

Sabendo o que as pessoas desejam, será mais simples envolvê-las com suas ideias e propostas. Essa talvez seja a melhor de todas as regras: dar o que as pessoas desejam, e não o que imaginamos que estejam desejando.

> *Sugestão*: seja autêntico, transmita sua mensagem com convicção, argumente sem ser agressivo e, acima de tudo, seja ético.

12. A história de uma velha "senhora"

Essa brevíssima história marcante ocorreu há décadas. Alguns jovens se preparavam para participar de um treinamento de vendas que prometia transformá-los em profissionais competentes. A maioria frequentava pela primeira vez um curso fora da escola. Todos estavam ansiosos para tomar contato com aquela novidade. Como seria o instrutor? Parecido com os professores de Matemática, História, Geografia?

Relevância: as técnicas de vendas são úteis para o processo de persuasão. A lógica de raciocínio ajuda a organizar e estruturar as apresentações.

Pontualmente, no horário combinado, lá estava o "mestre" entrando na sala de aula, abrindo um sorriso que não era muito comum nos professores que o grupo conhecia. Colocou alguns livros sobre a mesa, deu dois ou três passos à frente, cumprimentou o grupo, fez uma longa pausa e disse: "Hoje vou falar de uma famosa senhora que vive perambulando pelas salas de treinamento de vendas. Seu nome é AIDA".

Os alunos se entreolharam, como que dizendo: "Que jeito mais estranho de um professor começar uma aula". O que eles não perceberam na hora, entretanto, é que aquele professor, com sua maneira irreverente de se expressar, já havia dado uma das aulas mais importantes que tiveram a oportunidade de presenciar. Com uma simples frase ele conquistou a atenção de todos os alunos e abriu o apetite da turma para que acompanhassem com interesse o restante da aula.

Embora você provavelmente já deva ter ouvido falar dessa velha "senhora", como curiosidade, aqui vai o significado de cada uma das letras:

Atenção. O cliente só acompanhará sua linha de argumentação se você conseguir que ele fique atento. Por isso, logo no início, essa deve ser a tarefa do vendedor ou daquele que pretende expor uma ideia em reuniões dentro ou fora da empresa: conquistar a atenção.

Interesse. Não basta apenas que o cliente ou ouvinte da sua apresentação fique atento, é preciso que ele esteja também interessado no que você tem a dizer. Esse objetivo é atingido quando ele percebe que sua proposta poderá solucionar um problema que esteja enfrentando ou atenda a uma necessidade descoberta no instante em que acompanha a exposição.

Desejo. Seu ouvinte só terá desejo em aceitar sua proposta ou adquirir seu produto ou serviço depois de estar efetivamente interessado. Não há como queimar etapas, sem ter antes conquistado a atenção e o interesse não será possível despertar nele um desejo. E só o desejo e a vontade o motivarão a aceitar o que você tiver a oferecer.

Ação. Pronto. Agora você está em condições de fechar o negócio. Concretizar a venda, pegar a assinatura no contrato, conseguir a aceitação da proposta, conquistar o voto do eleitor. Como ensinam os grandes mestres da arte de vender: esse é o momento de pôr a caneta na mão do cliente para que ele assine o pedido.

Talvez tenha faltado acrescentar na palavra AIDA o que sabemos hoje, mais que ontem, ser muito relevante nas negociações: a **s**atisfação daquele que adquire produtos, serviços ou aceita propostas de qualquer natureza. Se estivéssemos nos referindo às transações comerciais, seria o pós-venda ou o sentimento de que suas necessidades foram efetivamente atendidas. Não haveria mal, portanto, se o nome dessa lendária senhora fosse usado no plural AIDAS.

Sugestão: saber como conquistar a atenção, provocar o interesse, despertar o desejo e levar a ação. Essa é uma técnica antiga que vale perfeitamente para os dias de hoje.

13. Elevator Pitch

Essa incrível técnica centenária de vendas que acabamos de relembrar pode ser adaptada às mais diferentes circunstâncias: apresentação de projetos, propostas e planos estratégicos. Assim como às mais distintas atividades de comunicação, como palestras, conferências, pregações, discursos políticos etc.

E hoje, que se fala tanto em Elevator Pitch, que grosso modo significa fazer uma apresentação adequada e eficiente em pouquíssimo tempo, a AIDA cai como uma luva. Segundo consenso mais ou menos generalizado, essa apresentação curta, tão necessária e desejada nos dias de hoje, seria de aproximadamente um a três minutos, para uma exposição oral, e de uma página, para um texto.

> *Relevância*: com a correria dos dias atuais, quem souber falar tudo o que precisa, atingindo seus objetivos no menor tempo possível, levará vantagem em suas apresentações.

Apesar de não existir unanimidade sobre o conceito do Elevator Pitch, pode-se afirmar que se trata de uma apresentação feita com começo, meio e fim naqueles escassos segundos em que um elevador transporta as pessoas entre poucos andares.

Há muitas histórias que tentam explicar a origem desse tipo de apresentação, uma mais curiosa que a outra. O certo é que a expressão "Elevator Pitch" já circula nos Estados Unidos desde o princípio dos anos 1980.

O que nos interessa é que, para transmitir uma ideia com consistência em pouco tempo, é preciso levar em consideração os seguintes pontos:

¨ Seja objetivo. Tenha uma "storyline", que nada mais é que uma história resumida em uma frase. Não é uma tarefa simples, mas se executada com competência colabora muito para que o discurso tenha objetividade.

·· Identifique uma informação que gostaria que seu ouvinte lembrasse sobre seu serviço ou produto, como "resolve todas as suas dificuldades de agenda", "com esse projeto o faturamento anual será 40% maior", "nenhum concorrente até hoje chegou nem próximo dessa ideia revolucionária".

·· Tenha certeza de que seu time está na mesma sintonia que você. Antes de fazer a apresentação, certifique-se de que todos os envolvidos no plano caminham engajados na mesma direção e conhecem profundamente todos os passos do desenvolvimento do projeto.

E se ao final de sua apresentação você tiver conseguido responder às três perguntas a seguir, saberá que teve um desempenho muito bom, independentemente do tempo consumido:

·· Sobre o que é a sua apresentação?

·· O que seu produto ou serviço faz?

·· Qual é a sua ideia para ele? Você está buscando investimento, produção, promoção, parceria? O que você deseja com a sua apresentação?

Se além dessas informações levarmos em conta também as quatro etapas vistas anteriormente – atenção, interesse, desejo e ação –, supondo ainda que a exposição seja bem planejada e ensaiada, em poucos segundos será possível cumprir todas as etapas, desde a introdução até à conclusão. E, em seguida, bastará nos certificarmos de que a mensagem exposta e aceita pelo ouvinte ou interlocutor produziu a satisfação pretendida.

Sugestão: aprender a comunicar o mais relevante de maneira sucinta. É importante ter em mente de forma clara qual é o assunto a ser exposto, que benefício ele proporciona e qual é o objetivo da apresentação.

14. O poder da objetividade

Uma das perguntas que mais recebemos hoje em dia é: como ser objetivo?

> *Relevância*: as mensagens objetivas são acompanhadas com mais atenção pelos ouvintes. A objetividade evita a perda de concentração do público.

Existe uma cobrança tão grande para que as pessoas sejam objetivas que o orador acaba ficando inseguro se está ou não sendo conciso o suficiente.

O primeiro passo é não ficar com essa preocupação, achando que você fala demais.

Faça as seguintes perguntas:

- As informações que estou transmitindo poderiam ser transmitidas num tempo mais curto?
- Se eu falasse menos tempo, comprometeria o entendimento do ouvinte?
- O assunto é simples o suficiente para que eu possa falar rapidamente ou possui uma complexidade que exige uma explicação mais detalhada?

Além disso, fique atento à reação dos ouvintes. Se eles ficarem impacientes durante a sua fala e demonstrarem desinteresse antes de você terminar, pode ser que esteja, sim, faltando um pouco de objetividade na fala.

Para ser mais objetivo procure seguir os seguintes passos:

- Explique apenas uma vez o assunto. Não caia na tentação de explicar mais de uma vez apenas para ter certeza de que as pessoas entenderam.
- Procure um exemplo que ilustre bem a sua narrativa para complementar a informação. Dessa forma, você conseguirá ser mais objetivo e não haverá problema de compreensão do ouvinte.

> *Sugestão*: falar tudo o que for preciso no menor tempo possível. Escrever um texto com cinco mil toques, depois reescrevê-lo com dois mil e finalmente com apenas quinhentos. Repetir esse exercício várias vezes.

15. Contando histórias para comunicar bem: o storytelling

Uma técnica utilizada há milhares de anos virou moda: o storytelling. Como transmitir uma mensagem de maneira eficiente por meio de histórias. Com certeza, quem mais soube comunicar o que desejava a partir de histórias foi Jesus Cristo. Passados mais de dois mil anos, todos os dias, no mundo inteiro, pessoas recorrem às suas parábolas para comunicar a palavra de Deus.

Profissionais de todas as atividades estão aprendendo a contar histórias para criar, promover e até recuperar marcas. Para atingir esses objetivos se valem de todos os meios de que possam lançar mão: desde apresentações com ou sem apoio de recursos visuais, até mídias sociais, vídeos, interpretações teatralizadas etc.

A escolha certa

A escolha dependerá dos meios que estiverem à sua disposição, mas é preciso avaliar se eles são os mais adequados às características e aos anseios dos ouvintes ou leitores. Quanto maior for a conjugação entre os meios utilizados, o público a ser atingido e o contexto da exposição, melhores serão os resultados alcançados.

Há diversos tipos de histórias disponíveis, e todos podem apresentar ótimos resultados. Tudo dependerá dos objetivos a serem atingidos e das circunstâncias que cercam a apresentação.

Todos os modelos de histórias seguem mais ou menos a mesma linha: as dificuldades que a pessoa enfrenta em determinadas circunstâncias para conquistar a torcida e a solidariedade dos ouvintes ou dos leitores. Em alguns casos, o protagonista é despreparado, mas vence essas dificuldades, revelando a luta para se superar, até servir de exemplo para outras pessoas.

Outro tipo de sequência mostra que a personagem tem adversários comuns com os ouvintes ou leitores. É a luta dela contra esses inimigos identificados. Só que a pessoa é enganada e, sem saber, age mal. Parece se distanciar daqueles que torciam por ela. No final, fica claro que não estava do outro lado da trincheira, mas sim sempre comprometida com a causa de quem desejava desde o início estar ao seu lado.

> *Relevância*: passar mensagens por meio de histórias é um excelente recurso para manter a atenção dos ouvintes e envolvê-los com a mensagem.

Não é difícil deduzir que as sequências são simples e fáceis de serem apreendidas. A partir do instante em que o interessado em aprender deixa apenas de acompanhar as características superficiais das histórias e começa a observar como foram arquitetadas, passa a criar um repertório que poderá ser usado nas mais distintas oportunidades.

Benefícios de uma boa história

- **Agrega valor** – dependendo do tipo de história, ela pode dar personalidade mais forte à marca ou à pessoa.
- **Cria mais emoção** – a história é uma boa maneira de atingir a emoção, principalmente quando se baseia na realidade.
- **Estimula a sensação de querer mais** – os consumidores ou os ouvintes passam a fazer parte da experiência pela história e se transportam para o cenário de uma narrativa bem contada e contextualizada

Para construir uma história deve-se levar em consideração os seguintes pontos:

- Usar diálogos reais.
- Encontrar a identificação do personagem com o ouvinte.
- Falar com emoção.
- Expor um conflito que deva ser resolvido.

Quatro aspectos essenciais que precisam ser considerados na elaboração da história: objetivo, trajeto, tempo e ritmo.

- **Objetivo** – Contar qual é o assunto. Aqui é preciso definir qual será o objetivo da história. Será uma busca de felicidade? De sucesso? Uma metáfora da vida? Se o objetivo for o de falar da vida, deve-se lembrar que não existe a necessidade de um final feliz, mas sim de uma lição que se aprende com essa narrativa.
- **Trajeto** – É o desenvolvimento da história, do instante inicial ao ponto-final. O trajeto pode ser mais bem desenvolvido com a fragmentação do tempo, que será discutido a seguir. É fundamental que não seja morno, sem emoção e sem conflito. Transformações físicas, emocionais, culturais, profissionais e sociais são bons exemplos do que pode ser desenvolvido nesta etapa.
- **Tempo** – É a linha temporal em que se sustenta o desenvolvimento da história. Esse foco na narrativa compreende a escolha de um corte no tempo. Aqui se define qual a melhor forma de contar a história com consistência e objetividade, no menor tempo possível, evitando que a narrativa seja prolixa.

O tempo pode ser expositivo ou narrativo. Na maioria das vezes a opção é pelo narrativo. Considera-se o período da trama que pode ser fragmentado de acordo com o ritmo imprimido na narrativa. Essa fragmentação não possui necessariamente relação com o tempo real. É possível, por exemplo, pular décadas na história para dar mais ritmo à trama.

É preciso ter em mente também que nem sempre a história necessitará obrigatoriamente de um final, mas sim de um encerramento, de uma "preparação" para ser continuada. É recomendável que na conclusão o ouvinte ou leitor se depare com uma moral para que sirva como estímulo a uma reflexão. As narrativas com os super-heróis, por exemplo, não são criadas para terem finais; da mesma forma, as marcas possuem narrativas planejadas para não ter fim.

¨ **Ritmo** – O ritmo é de fundamental importância para o efeito que se pretenda criar e os sentimentos que se deseja transmitir. Se as histórias forem contadas de maneira mais acelerada, por exemplo, tornam-se mais tensas; se, ao contrário, forem narradas de forma mais suave, serão percebidas como mais românticas.

A alternância do volume da voz e da velocidade da fala pode elevar a atenção dos ouvintes e mantê-los conectados e interessados na história. A boa história é atraente no início, pois cria expectativa, e é recompensadora no final, já que mostra benefícios. Conflitos e dilemas devem sempre fazer parte da narrativa.

Histórias interessantes contribuem de forma significativa para as apresentações e podem até mesmo proporcionar benefícios para os negócios.

> *Sugestão*: escolher as histórias que estejam mais de acordo com as características e anseios dos ouvintes. Para que uma história possa atingir a finalidade da exposição, é preciso agregar valor, criar emoção e estimular desejo.

16. Ingredientes de uma boa história

Para facilitar, vamos verificar, de forma bem resumida, quais são os cinco ingredientes mais importantes para que uma história tenha qualidade e se torne atraente.

1. Ter começo, meio e fim. Nada diferente do que aprendemos nos primeiros anos escolares: uma história precisa ter início, desenvolvimento e conclusão. Parece (e é) tão elementar, mas muitos se esquecem de seguir essa regra.
2. Mostrar os momentos em que tudo transcorre normalmente até que algum fato rompe esse equilíbrio, levando ao surgimento de conflitos, obstáculos, problemas.
3. Conquistar a torcida das pessoas para que os problemas sejam superados. Elas devem se identificar de tal forma com os desafios da personagem que sintam os problemas como se estivessem no lugar dela.
4. Revelar como esses desafios são vencidos com luta, sacrifício e determinação. Para que a torcida das pessoas seja ainda mais intensa, em certos momentos poderá surgir a dúvida de se a personagem terá ou não forças para ultrapassar os grandes obstáculos.

> *Relevância*: as histórias bem contadas se constituem em excelente recurso para o sucesso das apresentações. Quando bem contextualizadas, ilustram a mensagem e reforçam a argumentação.

5. Deixar no final uma reflexão para que as pessoas retirem da história algum ensinamento. A vantagem de deixar essa conclusão por conta dos ouvintes ou leitores é que eles aceitam a mensagem sem ter a impressão de que ela lhes foi imposta.

Estando os ouvintes envolvidos com a história, torna-se mais simples fazer com que façam a associação com a mensagem que você deseja transmitir. Além de ampliar as chances de que aceitem sua proposta, a história tem o poder de impregnar na mente das pessoas de tal forma que, em alguns casos, nunca mais se esquecem do que ouviram.

> *Sugestão*: contar histórias com começo, meio e fim. Acrescentar fatos instigantes. Mostrar superações. Encerrar com uma mensagem que provoque reflexão.

17. Erros na utilização do storytelling

Da mesma forma que aprendemos por meio de orientações como uma história pode ser instigante e sedutora, esse aprendizado também pode ocorrer quando temos conhecimento dos fatores que prejudicam a qualidade de uma história. Vamos analisar seis erros que devem ser evitados.

> *Relevância*: alguns erros na maneira de contar histórias podem prejudicar mensagens que poderiam ser poderosas.

1. **História contada só para ser contada** – De nada adiantará contar uma história, mesmo que seja excelente, se ficar claro que ela foi narrada apenas como artifício, como se fosse um "nariz de cera",[16] usado para se encaixar em qualquer circunstância. Quando isso ocorre, quase sempre, o resultado da apresentação é negativo.

2. **História fora de contexto** – Esse equívoco guarda certa semelhança com o anterior. Só que, nesse caso, a história pode ter um objetivo definido e ser escolhida para atender a essa finalidade, mas fica tão fora de contexto que mais atrapalha que ajuda o entendimento das pessoas. Quem ouve ou lê a história até gosta e se envolve com a narrativa, mas não consegue enxergar sua utilidade no contexto da mensagem.

3. **História conhecida e surrada pelo uso excessivo** – O objetivo do storytelling é que seja pessoal, mas nada impede que de vez em quando se lance mão de outras histórias para que sejam mescladas com a própria experiência. Pode haver nesse caso certo risco, principalmente no início, quando as pessoas começam a fazer uso desse recurso. Algumas se valem de histórias que ouvem aqui e ali, em particular aquelas contadas

---

16. Texto ou narrativa que serve como introdução e que retarda a entrada no assunto específico. Termo muito usado no meio jornalístico.

reiteradamente nas palestras. Por ser a história sem ineditismo, em vez de motivar os ouvintes ou leitores, provocam desinteresse. Por isso, cuidado com o uso de histórias, filmes e ilustrações que já não apresentam nenhuma novidade.

4. **História longa –** Por mais interessante que seja uma história, se for longa, poderá cansar e até aborrecer as pessoas, afastando-as do objetivo da mensagem. Por isso, desenvolva o hábito de resumir suas histórias. Basta lembrar que um bom anúncio comercial consegue contar histórias atraentes em apenas trinta segundos. Se o que pretende contar tem cinco minutos, procure reduzir para dois a três minutos. Se, pelo contexto da apresentação, a história tiver de ser mais longa, por exemplo, acima de dez minutos, pode ter certeza de que, com bom planejamento e ensaios, conseguirá contá-la até na metade do tempo.

5. **História que não envolva os ouvintes –** A história precisa ir ao encontro da realidade das pessoas. Se os ouvintes ou leitores não se sentirem tocados emocionalmente por ela, ficarão alheios ao que está sendo apresentado. Pergunte sempre: que tipo de adaptação preciso fazer para que essa história vá ao encontro da realidade e do interesse dessas pessoas? Se encontrar a resposta, terá também a solução.

6. **História enganosa –** Embora a história ficcional possa ser um recurso tão eficiente quanto as narrativas reais, é preciso tomar cuidado para que o ouvinte ou leitor não se sinta enganado. Além de a história inventada precisar ter verossimilhança, isto é, parecer verdadeira, é preciso deixar claro às pessoas que se trata de um exemplo. Algumas empresas usaram essa "licença poética" ao contar suas histórias e se deram mal. Precisaram explicar aos órgãos que fiscalizam as propagandas porque contaram aquela história falsa. Algumas tiveram, inclusive, de retirar os anúncios de circulação.

Vale a pena usar o storytelling. Aí está um dos recursos mais eficientes para você transmitir suas mensagens: contar histórias. O storytelling é uma competência que pode e deve ser conquistada, desenvolvida e aprimorada. Com o tempo você terá um estoque muito bom de histórias para usar de forma adequada nas mais diferentes situações.

> *Sugestão*: não contar histórias apenas por contar. Não usar histórias fora de contexto. Tomar cuidado para não repetir histórias muito conhecidas. Evitar histórias longas. Afastar histórias que não estejam ligadas à realidade dos ouvintes. Não enganar o público.

18. Saiba com quem você vai falar e aumente seu poder

Certa vez fomos almoçar na empresa de um amigo. Lá estavam alguns convidados dele que não conhecíamos. Habituados a observar como as pessoas falam e se comportam, notamos com certa estranheza o riso que persistia no rosto deles o tempo todo, quando falavam ou ouviam. Como a conversa não era conosco, nos limitamos a ouvir.

Percebemos que ofereciam ao nosso amigo linhas de crédito muito vantajosas, provenientes das mais diversas instituições financeiras. Segundo eles, tinham entrada livre em todas essas organizações e muita facilidade para intermediar créditos a taxas muito convidativas. Um de cada vez, esses senhores se sucediam no uso da palavra para contar um "case" de sucesso.

Em certo momento, ficamos a sós com o nosso amigo e perguntamos de onde ele conhecia aqueles homens "tão importantes" no mercado financeiro. Ele nos respondeu que lhe haviam sido apresentados por um amigo comum nosso. Quisemos saber de onde esse amigo os conhecia. Ele não soube nos responder com segurança. Mas nos garantiu que foram bem recomendados.

Ao sermos apresentados a eles, trocamos cartões de visita. De posse desses cartões, fomos até uma sala isolada e, do nosso próprio smartphone, fizemos uma rápida pesquisa sobre o nome de cada um. Não foi difícil descobrir que todos estavam comprometidos com negócios estranhos e possuíam incontáveis ações judiciais pesando contra eles.

Voltamos para a sala de almoço, chamamos o nosso amigo de lado e perguntamos em tom de afirmação: "Você não fez nenhuma pesquisa sobre essas pessoas, né?!". Nosso amigo arregalou os olhos, pressentindo que alguma notícia ruim estava para ser revelada. Dissemos simplesmente: "Caia fora, porque aí só tem picareta".

> *Relevância*: ter informações sobre a pessoa com quem irá falar evita repetições desnecessárias, elimina o risco de equívocos e decisões incorretas.

Até hoje nosso amigo nos agradece pela ajuda e lamenta ter sido tão ingênuo. Aquele que havia feito as apresentações também disse que fora envolvido sem ter ideia de quem se tratavam efetivamente. Simplesmente acreditou que estivessem contando a verdade. Afinal, como alguém poderia mentir daquele jeito?

Pois é! Hoje não se admite mais que alguém vá conversar com uma pessoa sem levantar antes algumas informações. Com dois ou três cliques num site de busca, temos acesso aos dados de que precisamos.

E não estamos nos referindo apenas à perspectiva de encontrarmos informações que desabonem ou não essa pessoa. Você não pode, por exemplo, se encontrar com o CEO de uma grande empresa e fazer a ele perguntas como: há quanto tempo você está na empresa? Em que empresa você trabalhou antes de vir para cá? Quais produtos vocês fabricam? Essas respostas estão disponíveis na internet.

Nos dias de hoje, a conversa deve partir de informações que podemos pesquisar a qualquer momento. Ter essas informações é uma forma de demonstrar consideração pela pessoa com quem iremos conversar.

No mundo corporativo, é até questão de sobrevivência obter antecipadamente informações sobre o cliente, o fornecedor, a instituição financeira, o colaborador que desejamos contratar, a empresa para a qual desejamos trabalhar. Da mesma forma, no relacionamento social, é prudente levantar os dados gerais a respeito das pessoas com as quais vamos conversar.

Ao apresentar um projeto, uma proposta na própria empresa, ou quando participar de um processo de negociação, se você conhecer as características, o estilo e a maneira de se comportar dos participantes do evento, estará um passo à frente para se sair vitorioso nas discussões.

Saber, por exemplo, quem são os fornecedores do seu cliente, que tipo de compra realizaram nos últimos tempos e quais são as condições que adotam nas negociações será um passo importante para estabelecer a base das negociações. Se você se sentar à mesa sem essas informações relevantes, dificilmente terá chances de se sair vitorioso.

Adquira o costume de obter informações sobre as pessoas com as quais irá se encontrar. Você irá descobrir que o nível da conversa passa para um patamar muito mais elevado.

> *Sugestão*: sempre que possível, fazer uma rápida pesquisa na internet a respeito da pessoa com a qual conversará. Além dessa pesquisa, trocar informações com quem a conheça.

19. Faça um briefing, mas não hesite em mudar

Jamais aceite um convite para uma apresentação ou reunião sem antes fazer um briefing. Saiba tudo o que puder sobre os ouvintes e sobre o tema que será apresentado. Com essas informações você saberá que ângulo do tema será mais adequado àquele público e se algum ponto da questão deverá ser excluído ou reforçado.

Nós nos lembramos de um evento promovido por uma das mais importantes editoras do país. Um dos palestrantes contratados foi o renomado professor Luiz Marins. No briefing realizado com os diretores da editora, ficara determinado que ele falaria das estratégias para o próximo ano. Durante o caminho, entretanto, pouco antes do evento, o governo havia cancelado um pedido muito representativo, e o resultado da empresa, que era positivo, passou para o vermelho.

Os responsáveis pela empresa conversaram com o palestrante e explicaram a situação. Marins, com sua larga experiência, modificou rapidamente as questões que deveria abordar. Deixou para trás a palestra de comemoração dos resultados e os motivou a agir para superar aquele percalço.

> *Relevância*: a comunicação só atingirá seus objetivos se atender às características e aos anseios dos ouvintes.

Foi um sucesso. Durante a convenção, todos os diretores que se apresentavam faziam referências à palestra de Marins. Se ele não estivesse de posse de informações fundamentais sobre a editora, teria sido um fracasso. Sua palestra só foi bem-sucedida porque ele obteve as informações e teve a habilidade para se adaptar à nova realidade.

O poder de agir, atuar, fundamentar uma argumentação está nas mãos de quem possui informações. E nem sempre será preciso despender muito tempo na tarefa de pesquisá-las. Como nem todas as informações estão disponíveis na internet, será possível descobrir dados preciosos nas conversas com as pessoas do seu relacionamento. O importante é ficar atento e se inteirar a respeito do que está sendo comentado sobre as organizações e os profissionais que atuam nelas.

> *Sugestão*: saber o máximo possível sobre as pessoas que estarão na plateia. Ter consciência dos temas que devem ser evitados e das informações que precisam ser incluídas.

20. Quando o preparo supera a falta de uma boa formação acadêmica

Você já deve ter visto, no futebol, times sem tanta qualificação técnica, mas que se preparam com disciplina e comprometimento, conseguirem bater grandes equipes.

Profissionais formados pelas mais bem-conceituadas universidades do mundo não conseguem, às vezes, atingir o mesmo resultado que outros oriundos de escolas consideradas de nível inferior.

Portanto, mesmo que você tenha uma boa formação acadêmica, não vacile. Vez ou outra poderá surgir alguém com tanta energia e determinação que o surpreenda e o derrote. E, se seu oponente for mais competente, enfrente-o com mais preparo.

> *Relevância*: o conhecimento e o domínio do conteúdo são importantes, mas nada substitui a vontade e a disposição em atingir os objetivos da apresentação.

Por mais competentes que nos julguemos ser, jamais podemos negligenciar o preparo, a disciplina e o entusiasmo.

Quando o famoso advogado criminalista Waldir Troncoso Peres, chamado de "o príncipe dos advogados", participou de um dos eventos do nosso Curso de Expressão Verbal, comentou que, certa vez, ao conversar com um amigo contemporâneo de escola, foram se referindo aos colegas de academia e analisando aqueles que haviam progredido mais ou menos na vida profissional. Para surpresa deles, os que se projetaram profissionalmente não foram os melhores alunos. Alguns dos mais estudiosos, embora bem preparados, nem sempre se entregaram à vida com disposição e envolvimento. Ou negligenciaram outros fatores, imaginando que o conhecimento seria suficiente para que pudessem ser bem-sucedidos, ou se acovardaram diante daqueles que mesmo não sendo tão bem preparados pegaram a vida com a faca nos dentes. Por isso, com o tempo, foram superados por eles.

Tendo em vista esses exemplos, que até chegam a ser comuns, não participe de reuniões ou de mesas de negociação apenas por participar. Vá para todos os encontros com a intenção de se envolver com ânimo e disposição. Só assim, independentemente do preparo dos outros profissionais, terá condições de atingir seus objetivos.

E não é só o fato de se comportar e se expressar com emoção e entusiasmo, mas também a forma com que se prepara para os embates. Estude, prepare, ensaie, procure saber quais argumentos serão utilizados pela outra parte e saiba como neutralizá-los.

Sugestão: demonstrar interesse e envolvimento pelo assunto tratado. Usar todos os recursos para envolver e mexer com o ânimo dos ouvintes.

---

21. Não tenho boa memória. Vai atrapalhar?

A memória é um recurso extremamente importante para o sucesso do orador. É comum ter de se lembrar de uma história ou um exemplo para ilustrar a mensagem ou reforçar a linha de argumentação. A memória também será útil para que o orador cumpra a sequência da sua exposição, sem deixar de lado nenhuma das etapas importantes da apresentação.

Por outro lado, ninguém deve ser escravo da memória a ponto de ficar inseguro, com receio de se esquecer de uma ou outra informação relevante. Se você tiver esse tipo de preocupação, leve um roteiro de apoio com as informações que julgar fundamentais para a sua exposição. Provavelmente, ao saber que o roteiro estará à sua disposição caso se esqueça de algo, se sentirá mais confiante e irá se lembrar com mais facilidade de tudo o que precisar dizer.

> *Relevância*: a boa memória é bastante útil na comunicação. Permite que o orador se lembre de fatos e associe as ideias com facilidade.

Cada pessoa possui características peculiares. Algumas gostam de se valer de roteiros de apoios mais completos, com todas as informações. Outros, de maneira diferente, se contentam com algumas poucas frases ou apenas palavras. Cada um deve agir da forma que julgar mais conveniente.

Neurocientistas afirmam que a diminuição de nossa memória é reflexo do excesso de informações que acessamos com as novas tecnologias. São tantas que acabamos não dando muita atenção a nenhuma delas. Outro motivo forte para que alguém se esqueça das informações é a tensão e o nervosismo que sentem quando precisam falar em público.

Caso sinta receio de se esquecer do que precisa dizer, aqui estão algumas dicas que poderão ser úteis para contornar a situação:

- Utilize um roteiro de apoio para a sua apresentação.
- Ensaie com esse roteiro uma, duas, três, vinte vezes. Quanto mais ensaiar, melhor.
- Mude as palavras e os tópicos de lugar. Esse recurso dará mais domínio sobre o conteúdo.
- Se for usar recursos audiovisuais, ensaie com e sem eles. Assim você terá mais domínio da exposição.
- Leve uma folha contendo frases ou palavras-chave que formem um fio condutor de sua apresentação.
- Jamais decore a apresentação do começo ao fim. Você poderá soar artificial.

> *Sugestão*: para não se sentir inseguro, levar um roteiro escrito com as informações mais relevantes. A experiência mostra que, pelo fato de poder contar com o recurso de apoio, normalmente o orador não se esquece das informações.

22. Você sabia que está cada vez mais difícil fazer as pessoas se concentrarem por tempo prolongado?

A capacidade de concentração das pessoas tem diminuído muito com o passar do tempo. Como citamos em "Não existe ouvinte desinteressado, mas sim orador desinteressante", estudos mais recentes mostram que em dez anos a atenção caiu de doze para cinco minutos. Esse é um tempo médio. Vai depender bastante do contexto e das circunstâncias da apresentação, assim como das características do orador e do perfil dos ouvintes. A faixa etária também interfere, já que sofre mais ou menos influência da tecnologia, o que pode diminuir mais ainda esse tempo de atenção. Mesmo que hoje as pessoas mais velhas estejam cada vez mais adeptas da tecnologia, é inegável que quanto menor a faixa etária, maior será a influência que interfere no tempo de atenção.

Dois recursos ajudam a conquistar e manter a atenção dos ouvintes: mostrar de forma clara quais benefícios o público terá com a mensagem que irá ouvir e criar expectativas para que o interesse da plateia seja alimentado e realimentado praticamente o tempo todo.

> *Relevância*: se os ouvintes não prestarem atenção, por melhor que seja a mensagem, de nada adiantará fazer a apresentação.

O importante é ter em mente que o conteúdo apenas não é suficiente para conquistar o interesse dos ouvintes. É preciso acrescentar à mensagem alguns ingredientes que tornem a exposição mais atraente.

Algumas atitudes recomendadas para manter a atenção das pessoas são bastante simples e podem ser utilizadas nas mais diferentes situações. Por exemplo, numa reunião, falar com o semblante mais expressivo e alternar o volume da voz e a velocidade da fala, para imprimir um ritmo agradável e instigante. Movimentar-se de um lado para outro da sala também ajuda bastante.

Esse tempero adicional torna a apresentação mais envolvente e motiva os ouvintes a acompanhar sua linha de raciocínio por mais tempo.

Independentemente do tempo transcorrido, fique sempre atento à reação dos ouvintes. Há situações em que, passado muito pouco tempo, as pessoas já começam a desviar a atenção, em outros momentos, se concentram por mais tempo. Por isso você deve analisar bem o comportamento da plateia para decidir que atitude tomar para trazer os ouvintes de volta à realidade.

O uso da presença de espírito do orador para se valer de informações que nascem naturalmente no ambiente da apresentação dá ótimo resultado para que as pessoas permaneçam atentas. Esse é o segredo dos grandes palestrantes: estão sempre bem-humorados, são bons contadores de história e aproveitam todas as oportunidades para interagir com o público.

> *Sugestão*: mudar de posição diante da plateia, andando de vez em quando para um lado e para o outro. Usar a presença de espírito ou contar uma história interessante. Esses recursos prendem por mais tempo a atenção dos ouvintes.

23. Números ou dados

É normal assistirmos a palestras cheias de números e pesquisas. Quando a apresentação traz pesquisas e dados, tem mais credibilidade, pois o ouvinte tem a impressão de que o orador possui bastante conhecimento sobre o assunto e que pesquisou muito para fazer aquela exposição.

> *Relevância*: dados, estatísticas, pesquisas são importantes para reforçar a argumentação e dar credibilidade à mensagem, mas precisam ser contextualizados.

No entanto, existe um fato que valoriza ainda mais a apresentação do que apenas a exposição desses números: saber analisar esses dados.

Não são raros os casos em que o orador simplesmente "joga" dados e pesquisas na tela, dando a impressão de que deseja apenas demonstrar conhecimento e autoridade.

Saber avaliar esses dados, fazer relações com o assunto da exposição e dar explicações complementares, que vão muito além dos números, é essencial para uma boa apresentação.

Não se pode achar que o ouvinte será enganado com tanta facilidade e que só o fato de mostrar uma pesquisa o deixará satisfeito. É preciso gastar tempo durante o preparo da apresentação para mostrar por que aqueles dados estão ali. Deixar claro que aquelas informações são relevantes para o assunto tratado e, se possível, fazer associação com outros estudos.

Dessa forma, o orador demonstrará profundo conhecimento sobre o assunto e o ouvinte receberá com muito mais confiança a sua mensagem.

> *Sugestão*: interpretar os dados e os números para que possam cumprir sua finalidade dentro da apresentação.

24. Não demonstre insegurança em suas afirmações

Algumas palavras e expressões se constituem em verdadeiras armadilhas para quem precisa demonstrar segurança na mensagem que transmite. Você poderia perguntar: mas não é sempre que a pessoa precisa demonstrar segurança quando fala? Sim. Só que em certas circunstâncias essa necessidade é ainda maior. Por exemplo, se o VP de uma empresa deseja contar com o empenho de todos os profissionais da organização para implementar uma política que não pode falhar em nenhuma hipótese, sob o risco de comprometer até a sobrevivência e o futuro da companhia, suas palavras de comando não podem deixar qualquer tipo de dúvida de que suas recomendações devem ser acatadas.

Em outras situações, quando a mensagem serve mais como uma reflexão, não é tão necessário demonstrar essa segurança. Há momentos também em que as palavras e expressões que passam a ideia de incerteza podem ser excelente recurso para evitar confrontos com o público. São circunstâncias em que pelo menos parte da plateia pode ter opinião diversa de quem faz a apresentação. Nessas ocasiões, é prudente que o orador deixe uma espécie de porta de saída para quem não esteja comungando de suas ideias.

E que palavras e expressões são essas que podem enfraquecer um discurso ou permitir que o orador continue sem ter a resistência dos ouvintes? São os vocábulos "acho", "penso", "talvez", "julgo", "imagino". Ao dizer essas palavras, é como se orador revelasse sua consciência de que outras pessoas podem pensar de forma diferente da dele. Dessa forma, ele abre espaço para que os ouvintes continuem atentos às suas palavras, sem estabelecer confrontos desnecessários.

> *Relevância*: há situações em que determinadas palavras e expressões, como "acho", "talvez", "penso", podem enfraquecer a autoridade do orador. Em outras circunstâncias, todavia, podem se tornar um recurso poderoso na comunicação.

Portanto, tudo dependerá do momento e do objetivo do orador. Fique atento, porque há pessoas que generalizam e acreditam que palavras como essas são sempre desaconselháveis e devem ser evitadas. Como vimos, são crenças equivocadas e que devem ser consideradas de acordo com o contexto da apresentação.

Concluindo: para permitir reflexões e não criar resistências que poderiam ser evitadas, esse é um recurso que poderá dar ótimos resultados. Só evite se realmente tiver de estabelecer ações que precisam ser seguidas ou implementadas.

> *Sugestão*: quando existir a possibilidade de resistência dos ouvintes à determinada mensagem, o uso de "acho", "penso", "talvez" e outros termos semelhantes se constitui em bom recurso para evitar confrontos desnecessários com os ouvintes.

25. Saiba se destacar

Quanto mais você subir na hierarquia da empresa, mais irá precisar da sua habilidade de se comunicar. Depois de galgar os primeiros degraus na carreira, sua ascensão dependerá mais da forma como se comunica que dos conhecimentos técnicos e formação acadêmica. Nesse estágio profissional, você terá de participar de reuniões, ou como participante, ou como líder. Estará nas mesas de negociação com o público interno, clientes, fornecedores, instituições financeiras, órgãos governamentais. Terá a responsabilidade de abrir e fechar seminários, workshops, fóruns. Deverá comandar e estimular equipes. Enfim, a comunicação estará cada vez mais presente em suas atividades.

Com frequência, recebemos em nossa escola profissionais das mais diferentes atividades que dizem não gostar de se apresentar em público, especialmente por não se sentirem confortáveis nessas situações, mas que têm consciência de que saber falar bem, com desembaraço, confiança e eficiência é fundamental para as suas pretensões na carreira. Por isso aceitam se submeter a um intenso treinamento para se desenvolver. A maioria descobre que não sabia ter tanta capacidade adormecida, esperando uma oportunidade para ser aflorada.

> *Relevância*: a experiência, o preparo e o conhecimento do profissional só serão reconhecidos e valorizados se as pessoas tiverem informações a respeito desses atributos, por isso é importante que sejam conhecidos.

Sem necessidade de modificar suas características pessoais, desenvolvem uma técnica própria, que permite fazerem excelentes apresentações.

Quem sabe falar bem em público transmite segurança em suas ações e é visto como profissional confiante e competente. Essa eficiência no uso da palavra em público é também uma demonstração de que conseguirá representar a empresa em todas as situações. E essa é uma verdade incontestável – quando um profissional se apresenta diante de uma plateia ou numa reunião de negócios, há muitos fatores em jogo, pois, além da sua imagem, a qualidade da sua oratória poderá ser associada à reputação da empresa. Não é difícil deduzir que se ele se sair bem, projetará uma imagem profissional positiva e fará com que a sua organização também se destaque de maneira favorável.

Com as disputas cada vez mais acirradas entre as empresas concorrentes, os profissionais mais articulados e comunicativos têm mais possibilidade de conquistar resultados para suas organizações. Por isso, se a comunicação não for de boa qualidade, o profissional não só terá dificuldade para manter sua posição ou continuar crescendo, como corre o risco de perder o que foi conquistado.

Encare aperfeiçoar suas habilidades de comunicação da mesma maneira como faz com outras áreas da sua profissão, com especializações e pós-graduação. Estudar para se comunicar melhor favorecerá sua carreira.

> *Sugestão*: a competência para falar em público deve ser uma busca obstinada, pois quem se comunica bem amplia a chance de projetar sua imagem profissional.

26. Você está dizendo coisa com coisa?

Oscar Wilde foi genial ao dizer que "A vida imita a arte muito mais do que a arte imita a vida". Todos os dias vemos exemplos que confirmam a afirmação desse escritor irlandês. Alguns executivos, de vez em quando, metem os pés pelas mãos e falam de um jeito que não conseguimos entender. Suas atitudes nos fazem lembrar o ovo Humpty Dumpty, da obra *Alice através do espelho*, escrita por Lewis Carroll.[17]

Humpty Dumpty é prepotente, arrogante e despreparado. Fala de maneira contundente sobre o que não tem a menor ideia do que

---

17. CARROLL, 2010. n.p.

seja. Seus discursos são irônicos, desdenhosos e incompreensíveis. E, quando é confrontado para justificar o que acabou de falar, dá explicações ainda mais sem nexo.

Num diálogo com Alice, Humpty Dumpty diz palavras que não têm pé nem cabeça como se fossem frutos da mais elevada filosofia. Em seguida, lança mão de argumentos que também não fazem o menor sentido. Não percebe que assim demonstra despreparo e destrói sua autoridade e credibilidade.

Assim se comportam alguns profissionais no momento de apresentar suas ideias nas reuniões corporativas. São perfeitos exemplos de que a vida imita a arte. Talvez você se lembre de alguma cena semelhante nos encontros corporativos ao observar este diálogo de Humpty Dumpty com Alice.

> *Relevância*: a comunicação de qualidade precisa ser bem concatenada para facilitar o entendimento dos ouvintes e dar mais fluência à apresentação.

Nessa conversa, o Ovo argumenta que seria mais interessante comemorar desaniversários (364 ao ano) que aniversários (apenas um ao ano). Suas frases, proferidas em tom de firme convicção, são contaminadas por palavras que não permitem a compreensão do seu sentido:

> – E isso mostra que existem trezentos e sessenta e quatro dias em que você poderia ganhar presentes de desaniversário.
>
> – É verdade – disse Alice.
>
> – E apenas *um* para presentes de aniversário, portanto. Há glória para você!
>
> – Não entendo o que você quer dizer com *glória* – diz Alice.
>
> Humpty Dumpty desdenhou com um sorriso.
>
> – É claro que não sabe... até que eu lhe diga. Eu quis dizer: há um belo argumento demolidor para você.
>
> Alice retrucou:
>
> – Mas *glória* não significa "um belo argumento demolidor".
>
> Humpty Dumpty fala com tom de desprezo:

– Quando eu uso uma palavra, ela significa o que eu quiser que ela signifique... Nem mais nem menos.

– A questão é – diz Alice – se você *pode* fazer as palavras significarem tantas coisas distintas.

– A questão – diz Humpty Dumpty – é saber quem manda... E isso é tudo.[18]

A questão é que, tanto no caso das falas de Humpty Dumpty quanto nos discursos de alguns profissionais, as frases desconexas demonstram linguagem inadequada e desarticulada, que pode ser prejudicial a qualquer um, especialmente quando se tem pretensões de crescimento na carreira. Humpty Dumpty é caso perdido, pois Lewis Carroll se foi em 1898. Os profissionais têm a oportunidade de mudar a maneira de se expressar. Basta planejarem e ensaiarem bem o que vão dizer e terem algum conhecimento sobre o assunto. Se soubessem como esse cuidado tão simples ajuda a projetar uma boa imagem profissional e reforçar sua autoridade, com certeza se dedicariam ao desenvolvimento e aprimoramento da arte de falar em público.

Analise a forma como você tem se comunicado nas reuniões e veja se, sem esse exagero do Ovo, também não está transmitindo mensagens desconexas, desarticuladas, incompreensíveis. De maneira geral, esse fato ocorre quando, em vez de encontrar as palavras para identificar o pensamento, o orador tenta construir o pensamento a partir das palavras que pronuncia. Para corrigir, basta fazer a pausa, esperar que o pensamento surja e, sem precipitação, encontrar as palavras adequadas para vestir o raciocínio.

> *Sugestão*: avaliar se todas as informações estão interligadas e se as partes da mensagem possuem coerência entre si.

---

18. CARROLL, 2010. n.p.

27. Discursos e liderança

Você já parou para analisar como os discursos dos grandes líderes são envolventes, lógicos, concatenados e até sedutores? E o que há de tão extraordinário na fala desses oradores? Raciocínio lógico, claro e ordenado. Observe como não precisamos fazer esforço para acompanhar o desenvolvimento do pensamento deles. De maneira geral, o final de cada informação já se constitui em ponto de apoio para a mensagem seguinte.

Essa coesão natural entre as diversas passagens do discurso leva em conta um dos recursos mais importantes para a estrutura da mensagem: a interdependência das partes. Ao mesmo tempo que faz a ligação entre o que acabou de

> *Relevância*: os grandes líderes se comunicam de maneira eficiente. Sabem falar com raciocínio lógico e coeso.

ser mencionado e a nova informação a ser transmitida, ajuda o ouvinte a resgatar o que acabou de escutar, fazendo com que se concentre e se interesse ainda mais pela mensagem.

Há profissionais que se expressam sem nenhuma lógica de raciocínio. Expõem as informações como se fossem independentes. Por isso, muitas vezes, repetem o que acabaram de transmitir ou deixam de concluir pensamentos que seriam importantes no contexto do discurso.

Para falar como os líderes que encantam as plateias, seja coeso e evite o discurso "colcha de retalhos", em que um pedaço de pano nada tem a ver com aqueles que se ligam para formar o todo.

Portanto, para que as diversas partes do discurso sejam coesas, a introdução da fala precisa ter relação com a preparação, o assunto central e a conclusão. Além desse cuidado, o orador deve se valer de elementos de transição que ajudem na fluidez e façam a ligação entre as diversas informações.

Por exemplo, em uma reunião, após desenvolver os argumentos e antes de apresentar a conclusão, poderia dizer: "A partir desses pontos que acabamos de discutir, a decisão que se apresenta como a mais indicada é implementarmos o mais rápido possível o nosso processo de diversificação".

Ou, ao contrário, antes de apresentar os argumentos, poderia dizer: "Sei que cada um já refletiu e ponderou a respeito das decisões que devem ser tomadas, mas peço a atenção para um aspecto que julgo ser muito relevante em nosso estudo de diversificação".

Só conseguiremos atingir o que desejamos com a comunicação se nossa fala guardar essas qualidades comuns nos líderes bem-sucedidos: ser bem estruturada, concatenada e coesa.

> *Sugestão*: estruturar os discursos com sequência lógica, para que os ouvintes possam acompanhar sem esforço cada etapa da apresentação.

28. Há um distanciamento recomendável para interagir com os ouvintes

"Como são admiráveis as pessoas que nós não conhecemos bem."
Millôr Fernandes

Relevância: determinar a forma de transmitir a mensagem de acordo com a intimidade permitida e recomendável evita que o orador se desgaste com mensagens inadequadas.

Ninguém contesta a importância de interagirmos com os ouvintes. Quando estamos próximos do público, percebemos melhor suas reações. Identificamos com mais facilidade a receptividade das pessoas e até que ponto acertamos nos rumos estabelecidos para a apresentação. Aproximação demais, entretanto, pode deixar de ser remédio para se transformar em veneno. Essa reflexão é um pouco distinta daquela que já analisamos, onde o orador, por se sentir tão à vontade, negligencia seu comportamento e a maneira de se expressar. Neste caso, o risco é o de que seja visto como uma pessoa muito comum. Analise esta história contada por Humberto de Campos, na obra *O Brasil anedótico*:

> Era o Duque de Caxias ministro da Guerra quando o Imperador foi visitar, em sua companhia e com o seu séquito, um dos quartéis da capital. Chegando ali, percorreu o edifício todo, indo até a cozinha, onde se servia, na ocasião, o rancho aos soldados. "Dê-me uma destas marmitas", ordenou o soberano, indicando uma das rações de sopa. Atendido, tomou Sua Majestade todo o conteúdo, declarando que, mesmo no Paço, jamais tomara sopa tão saborosa. Disciplinado e disciplinador, Caxias não gostou da singeleza do monarca. E, ao portão do quartel, disse-lhe, brusco: "Vossa Majestade há de desculpar a minha franqueza, mas, por esse processo, Vossa Majestade não se populariza". E corajoso: "Vossa Majestade 'vulgariza-se'!". Ou seja, estava pondo em risco a integridade da aura que possuía como imperador do Brasil.[19]

Outro exemplo que nos ajuda a refletir sobre a importância de mantermos certo distanciamento foi narrado por Jorge Caldeira em sua obra *Mauá, empresário do império*.[20] Na época do império, as atividades que exigiam trabalho físico eram destinadas à população das classes inferiores e aos escravos. Aos brasileiros mais afortunados cabiam as carreiras ligadas à política, ao jornalismo e às funções liberais. Botar a mão na massa, portanto, era sinal de desprestígio para essa classe privilegiada.

Pois bem, o Barão de Mauá, embora tivesse traquejo social e experiências em terras europeias, estava tão entusiasmado e envolvido com suas iniciativas empreendedoras que não observou essa característica cultural. Em 1852, ao iniciar as escavações de uma importante obra, convidou para a cerimônia o Imperador Dom Pedro II, a Imperatriz Dona Tereza Cristina e os membros da família real.

---

19. CAMPOS, 2012. n.p.
20. CALDEIRA, 1997. p. 291.

No momento da celebração teve a "brilhante" ideia de entregar ao imperador uma pá de prata, com cabo esculpido no mais fino jacarandá. Sua Majestade teria assim o "privilégio" de dar início às obras. D. Pedro ficou tão furioso que abandonou a cerimônia. Mauá se permitiu uma intimidade que não possuía, deixando de respeitar a importância do imperador. Nessa circunstância, D. Pedro sabia que mesmo agradando aos operários estava maculando a sua posição.

Esse é um cuidado que precisamos ter – estabelecermos boa aproximação com a plateia, tanto física quanto pela mensagem, mas mantermos certa distância para não nos tornarmos comuns demais.

Para compreendermos melhor a relevância do distanciamento, vamos nos valer da tese de um dos mais importantes pensadores da história, o alemão Walter Benjamin. No seu famoso ensaio *A obra de arte na era de sua reprodutibilidade técnica*,[21] publicado originalmente em 1936, Benjamin conceitua a aura como sendo os elementos peculiares na originalidade e na autenticidade de uma obra de arte.

O autor afirma que essas características ficam esmaecidas quando a obra de arte é reproduzida. O seu distanciamento concreto, físico, propicia uma espécie de sacralização. A sua reprodução em múltiplas formas, entretanto, traz uma espécie de banalização de seu valor.

Benjamin comenta sobre a importância de um distanciamento para que a obra seja contemplada, mas pondera que deve haver o cuidado de não se exagerar nesse afastamento, para que continue existindo a identificação da obra por parte do espectador.

Essa fronteira é a grande questão a ser resolvida: até que ponto deve existir o afastamento sem que ele comprometa o reconhecimento do espectador e a aura possa ser preservada? Ou, ao contrário, até que ponto é permitida a aproximação sem que essa mesma aura seja agredida?

Quem se relaciona com o público, só depois de longa experiência, descobre onde poderia estar essa linha imaginária. Sabe que ao

---

21. BENJAMIN, 2018.

se aproximar das pessoas permite que o vejam como um dos seus. Por outro lado, se essa aproximação for excessiva, correrá o risco de se tornar comum demais.

Não podemos nos esquecer de que aquele que está em uma posição privilegiada, seja pelo saber, seja pela importância do que representa, deve atender, em última instância, às expectativas de que é portador de um valor próprio e diferente que acaba por distingui-lo.

> *Sugestão*: avaliar bem o relacionamento com os ouvintes e se há distanciamento hierárquico ou social que recomende uma aproximação adequada.

29. O mundo não terá espaço para profissionais acomodados

"Assim, porque é morno, e não és quente nem frio, vomitar-te-ei da minha boca."
Apocalipse 3:16

Vale a pena recordarmos de um evento realizado pela ONG Via de Acesso. Foram convidados para palestrar o consultor de carreiras Max Gehringer e o ex-presidente do Grupo Abril Walter Longo. Foram colocados lado a lado, de propósito, profissionais com posicionamentos totalmente distintos.

Enquanto Gehringer deu conselhos para que os milhares de jovens presentes adotassem comportamento discreto, paciente e respeitoso com a hierarquia, Longo, ao contrário, pregou que os jovens deveriam ser irreverentes e não se submeter muito a regras.

> *Relevância*: a característica mais discreta ou irreverente do profissional precisa ser adequada ao perfil da empresa.

Afinal, quem tinha razão? Os dois. Foi explicado depois, para que não pairassem dúvidas, que cada jovem deveria respeitar as suas próprias características. Se tivesse um perfil conservador, deveria buscar empresas com essas características para trabalhar. Se, ao contrário, tivesse um comportamento mais ousado, deveria bater às portas de empresas que privilegiassem essa conduta.

Walter Longo argumentou que em momentos de crise, de concorrência ferrenha, de imprevistos no mercado, só haveria um tipo de profissional capaz de encontrar as soluções – os irreverentes, aqueles que não se submetem às normas, que não aceitam as regras. Apenas os "fora da curva" saberão descobrir as estreitas brechas que levarão à solução dos problemas.

Max, ao contrário, embora também concordasse com a importância da liberdade de conduta do profissional, defendeu a tese de que o trabalho em equipe, com todos unidos no mesmo ideal, será sempre o caminho para se encontrar as melhores soluções.

Os tempos serão cada vez mais difíceis e desafiadores. Por causa do desenvolvimento da tecnologia, muitas atividades profissionais irão desaparecer, talvez até a maioria. Os jovens que estão se formando hoje, e até alguns que já estão na lida há um tempo, provavelmente precisarão desenvolver novas competências e encontrar outras profissões para se manter no mercado de trabalho.

Nessa fase de transição, somente os mais fortes encontrarão espaço na nova realidade que se avizinha. É quase certo que os ousados, arrojados e não conformados, titubeantes ou não, enxergarão as luzes que os guiarão para o sucesso. Ser arrojado, entretanto, não pressupõe irresponsabilidade, mas sim dinamismo, criatividade e obstinação. Os acomodados talvez nem saibam os motivos que os deixaram fora da disputa. Não perceberão que, ao aceitarem passivamente as mudanças, estarão também se excluindo da busca de novas oportunidades.

Cada um deverá respeitar sua própria maneira de ser, mas precisará se esforçar para aprender a agir com perseverança, determinação e, em algumas situações, até mesmo com irreverência para sobreviver aos novos tempos.

> *Sugestão*: não mudar o jeito de ser, mas procurar empresas que valorizem as características do profissional. Perfil mais discreto para empresas mais conservadoras e mais extrovertido e irreverente para organizações mais inovadoras.

30. Conheça o segredo das empresas bem-sucedidas

Não é difícil perceber que algumas empresas conquistam sucesso excepcional enquanto outras fracassam. São incontáveis também os exemplos de organizações que andavam mal das pernas e, de uma hora para outra, experimentaram recuperação extraordinária. Sem esforço, podemos ainda relacionar algumas organizações centenárias que desapareceram do mapa.

Como explicar o fracasso ou sucesso dessas empresas? Podemos considerar diversos fatores para responder a essa questão: bons produtos, foco no negócio, capacidade de inovação, agilidade de adaptação, crédito, saúde financeira, reputação, competência profissional, sorte e tantos outros atributos que devem ser levados em conta. Além desses aspectos, o que mais poderia explicar o fato de algumas irem muito bem e outras nem tanto, dispondo, às vezes, das mesmas condições?

> *Relevância*: as empresas bem-sucedidas são aquelas que valorizam a boa comunicação dos seus gestores.

Quem nos deu uma pista muito boa para encontrarmos respostas a esse instigante questionamento foi um dos homens mais ricos do mundo: Warren Buffett. Antes de conhecermos sua dica de ouro, para quem ainda não estiver familiarizado com esse megainvestidor, vamos saber um pouco mais a respeito de seus feitos.

Esse "senhorzinho" chegou a ter um patrimônio estimado em 86,2 bilhões de dólares. Sempre ocupando os primeiros lugares na lista da *Forbes* como um dos homens mais ricos do mundo, em 2008 conquistou o primeiro posto. Entre seus feitos mais curiosos está o fato de, em

2010, ter se juntado a Bill Gates com o objetivo de convencer pessoas bilionárias a se comprometerem a doar a obras meritórias metade de suas riquezas.

Estamos falando, portanto, de alguém com bastante autoridade para dar conselhos a quem administra empresas. Em palestra que realizou para estudantes de uma escola de administração,[22] disse que eles deveriam investir na comunicação escrita e oral. Esse poderoso homem de negócios enfatizou que "essa competência tem um enorme retorno, pois aquele que se comunica bem tem um grande impacto para vender e persuadir".

Buffett também disse que "a importância da comunicação não está sendo enfatizada nas escolas de negócio". Ou seja, uma das mais importantes competências para o bom exercício das funções de quem comanda organizações não está sendo considerada.

Um administrador se comunica quase o tempo todo

Esse puxão de orelha nas instituições que se dedicam a formar administradores foi providencial, já que diferentes pesquisas afirmam que os responsáveis pela condução das empresas chegam a consumir de 60% a 80% do seu tempo se comunicando. Isto é, passam praticamente o tempo todo em processo de comunicação.[23]

Idalberto Chiavenato, que se notabilizou como um dos mais respeitados pensadores das práticas de administração de empresas no país, destaca em sua obra *Cartas a um jovem administrador* esse mesmo conceito defendido por Buffett: "A maneira de comunicar, de transmitir ideias e conceitos, de focalizar objetivos a alcançar e de fazer a cabeça das pessoas é de suma importância para o administrador".[24]

---

22. Trecho da entrevista em inglês disponível em: https://www.youtube.com/watch?v=hHBRIzhbQ10. Acesso em: 23 out. 2020.
23. CHIAVENATO, 2008. p. 9.
24. Idem.

Uma rápida observação das tarefas dos administradores nos permite constatar que essas afirmações estão corretas. Esses profissionais consomem a maior parte do tempo falando, ouvindo, escrevendo ou lendo. Desde uma simples conversa de corredor, passando por uma troca de ideias ao pé da escada, até a participação em importantes fóruns de debates, a comunicação está sempre presente em suas atribuições.

Mesmo antes de chegar à empresa o administrador está se comunicando. Com a facilidade que a tecnologia proporciona, já no caminho de casa para o trabalho, muitos deles aproveitam o tempo consumido no trajeto para fazer telefonemas, enviar ou ler mensagens, enfim, tomar providências que serão importantes para a produtividade de suas tarefas.

Não são poucos aqueles que, além de almoçar com clientes, fornecedores, investidores, esticam o horário de trabalho marcando jantares para tratar de assuntos mais delicados, ou que consideram especiais, e que, de maneira geral, não podem ser discutidos durante o período normal de expediente. Por esses e outros motivos, a comunicação se constitui no recurso mais relevante para que uma empresa tenha sucesso.

Outro administrador que fez história foi Jack Welch, que revolucionou a situação da General Eletric. Esse lendário executivo tinha a capacidade de comunicação como filosofia para a boa administração. Disse Welch que o bom administrador deve conduzir tarefas e manter relacionamentos com postura sincera, descobrir quem são os melhores funcionários e saber como motivar os outros para que procurem progredir, identificar os momentos de fazer mudança, pôr em prática os projetos e saber falar e ouvir.[25]

A qualidade da comunicação deve ser considerada

E não devemos nos ater apenas à quantidade de horas consumidas com a comunicação, mas sim, e principalmente, à competência dos

---

25. WELCH apud SILVA [s.d.].

administradores para se comunicar. De nada adianta alguém passar quatro horas em reunião com seus subordinados se, por deficiências na comunicação, não conseguir convencê-los, persuadi-los ou motivá-los a abraçar planos e projetos que precisam ser implementados.

Da mesma forma, não haverá vantagem em passar todos os dias da semana cumprindo compromissos profissionais em jantares se, também por falta de boa comunicação, os negócios não forem realizados, ou forem concretizados sem resultados positivos para a sua organização. Como se comunicar por muito tempo faz parte das atribuições do administrador, é importante que ele saiba fazê-lo bem.

É preciso saber ler e ouvir

O administrador competente sabe ler e ouvir. E saber ler e ouvir não se restringe apenas a compreender o que está no valor de face da mensagem que recebe, mas sim, e especialmente, no que está nas entrelinhas, no subtexto, nas frestas. Enfim, compreender a verdadeira informação ou intenção que se esconde nas pausas mais prolongadas, no tom de voz mais áspero ou mais escamoteado, no parágrafo mais prolixo ou excessivamente conciso, nos eufemismos.

É a partir desse entendimento e observação do que as pessoas efetivamente desejam ou pensam que o administrador poderá fazer um diagnóstico preciso da situação e estabelecer os planos para a concretização de seus objetivos. Note que todas as ações do administrador devem partir de um bom diagnóstico, e que esse diagnóstico depende da sua capacidade de se comunicar.

Essa observação deve ser constante, pois não se trata de uma fórmula matemática precisa, já que muitos fatores precisam ser levados em consideração, como a circunstância, o nível de pressão imposto pelos problemas e até mesmo os seus sentimentos, que podem estar equivocados no momento em que interpreta a mensagem.

Somente a experiência e as inúmeras tentativas com erros e acertos vão dando ao administrador a sintonia fina de que precisa para identificar o que realmente ocorre e o que poderia ser apenas fruto de sua imaginação, contaminada em certas ocasiões por decisões do passado bem ou malsucedidas.

Haverá momentos em que o administrador perceberá que os planos não caminham porque o diagnóstico foi defeituoso. Em outras circunstâncias, o motivo do insucesso poderá se apoiar na comunicação inadequada. Por exemplo, em vez de motivar o grupo e preparar os profissionais, afastando as possíveis resistências da equipe, a iniciativa foi a de partir diretamente para a ação. Ou, ao contrário, consumir muito tempo na preparação e perder a melhor oportunidade para agir.

Em todas as situações, seja quando as decisões tomadas inicialmente são as mais acertadas, seja quando a observação indica que houve equívoco em alguma etapa do processo, exigindo ajustes de percurso, o sucesso das atitudes do administrador dependerá da sua capacidade de se comunicar.

A boa comunicação se adapta à circunstância

O administrador estará às voltas com profissionais dos mais diferentes níveis, formações e capacidade de compreensão. Sua mensagem precisa ser compreendida por todos. Por isso, deve se concentrar na capacidade de entendimento de todas as pessoas.

Em determinados momentos, precisará baixar um pouco a complexidade das informações para que pessoas não familiarizadas com os conceitos transmitidos possam acompanhar com mais facilidade, sem, contudo, desestimular aqueles que já estão devidamente inteirados do conteúdo.

Em outras circunstâncias, deverá aprofundar as informações para atender às expectativas dos já bem informados, sem tornar a mensagem incompreensível para os que não estão habituados com aquele conteúdo.

Essa habilidade de fazer com que todos compreendam e se interessem pelo discurso é que determina a competência de quem precisa levar um grupo de profissionais a formar uma equipe motivada, operante e bem-sucedida. Se uma parte do grupo não se enquadrar no processo, a missão poderá fracassar.

Com esses atributos cada vez mais aprimorados, o administrador terá condições de desempenhar seu verdadeiro papel: levar as pessoas a agirem na busca e na conquista dos objetivos da organização. Somente profissionais cientes dos propósitos determinados pelo administrador, motivados pela causa que irão abraçar, que se sintam importantes no processo e confiantes na liderança de quem os conduz terão condições de fazer com que qualquer tipo de organização seja bem-sucedida. Esse é o segredo.

Sugestão: aprender a se comunicar bem em todas as circunstâncias e diante de todo tipo de ouvinte. Saber adaptar a maneira de se expressar de acordo com a circunstância.

---

31. Comunicação, networking e tecnologia

Acabamos de ver a importância da comunicação para profissionais que utilizam ligações, eventos, almoços, jantares para atingir objetivos que dificilmente alcançariam em uma simples reunião.

Relevância: para ser bem-sucedido na carreira é preciso desenvolver características e adotar atitudes positivas.

A comunicação também se reflete no ambiente tecnológico, e ter uma presença sólida, cultivando o relacionamento nas redes sociais, deixou de ser um capricho e passou a ser essencial atualmente. Aquele que diz que está fora das redes pode passar a ser visto como uma pessoa desatualizada.

Algumas mídias permitem produção de textos, e, por isso, saber escrever é tão importante quanto saber falar. Em outras é possível produzir vídeos. E há ainda aquelas em que se pode usar a combinação dos dois.

Imagine que esteja em uma situação que não permite que saia de casa e o único recurso que possui para networking são as redes sociais. Se precisar começar do zero, tudo ficará muito mais difícil, mas, se esse processo já estiver sendo construído há algum tempo, você lidará com essa questão com muita facilidade.

A seguir vamos ver como é possível tirar proveito da tecnologia, usando as habilidades de comunicação para se destacar com uma imagem positiva no mercado. Para isso, bastará usar as técnicas corretas de videoconferência, entender os recursos de uma live e ficar atento às inovações que surgem a cada dia.

Não interessa qual rede, aplicativo ou programa será utilizado. A cada dia surge uma novidade. O importante é que as técnicas permanecem a mesmas, e, se você dominar um dos aplicativos, dominará todos.

Sugestão: adquirir novos conhecimentos e adotar atitudes que sejam valorizadas em cada época.

Comunicação on-line

1. Os passos para elaborar um treinamento gravado

Realizar um treinamento envolve muitos custos e situações que precisam ser gerenciadas pelos organizadores. A dificuldade para reunir todos os participantes ao mesmo tempo e no mesmo horário, custos de deslocamento, hospedagem, além do prejuízo com o afastamento do profissional de suas tarefas em momentos críticos, quando não haveria possibilidade de ele se ausentar, são alguns deles. Com treinamentos gravados, essas questões podem ser contornadas.

Por isso, profissionais das mais diversas áreas sonham em montar programas a distância bem-sucedidos. Para que essa atividade seja executada com bons resultados, alguns fatores devem ser levados em consideração logo no início:

> *Relevância*: cada dia mais é preciso ministrar treinamentos em vídeo. Independentemente da circunstância, é preciso ter excelência nessa atividade.

- **Capacidade de comunicação** – O treinamento em vídeo exige comunicação clara, objetiva e fluente.
- **Estrutura de gravação** – Embora não sejam necessários grandes investimentos, é preciso ficar atento à qualidade dos aparelhos para gravação e da iluminação.
- **Plano de divulgação** – Para aproveitar ao máximo o investimento de tempo e de recursos financeiros e para que o programa atinja o maior público possível, é preciso que ele seja muito bem divulgado.
- **Estudo das necessidades e do interesse sobre o tema** – Por mais que um instrutor goste de determinado programa, não significa que ele seja necessário naquele momento ou que desperte o interesse de boa parte dos profissionais. Por isso, é preciso fazer um levantamento prévio, para que essas questões sejam esclarecidas.

Como primeira reflexão, temos de levar em conta que tudo o que transportamos do off-line para o on-line precisa de adaptações e novos moldes. Está equivocado quem pensa que um modelo off-line que foi bem-sucedido poderá ser transportado para o on-line exatamente da mesma maneira, obtendo os mesmos resultados. Muitas vezes, e até mesmo na maioria das situações, essa decisão de replicar os procedimentos levará ao fracasso. Na construção de um treinamento a distância, é preciso considerar alguns aspectos que apresentam características distintas dos programas presenciais.

Por exemplo, no treinamento gravado previamente não existe o contato do instrutor com o participante. Há, portanto, nessa circunstância, a dificuldade do feedback, que é um fator importante para a avaliação a ser feita pelo instrutor. Assim como não existe a comunicação visual e o acompanhamento mais próximo no pós-curso.

Alguns treinamentos chegam a ter dezenas e até centenas de participantes simultaneamente, e é evidente que esse contato se torna impraticável, além do fato de muitas vezes o participante poder assistir ao treinamento quando desejar, o que significa que teremos pessoas em momentos diferentes do treinamento.

Em alguns casos são criadas equipes para responder e interagir com os participantes, pois a compreensão da matéria por parte de todos é essencial para que se atinjam os objetivos do treinamento. Para essa estrutura de programa se torna impossível a realização de tarefas interativas com os instrutores.

A grande questão que fica é: como ter o feedback do participante se não há esse contato próximo e muito menos a comunicação visual?

Existem algumas boas saídas que ajudam a manter a qualidade do treinamento e elevam ainda mais a satisfação do participante, conforme veremos no próximo capítulo.

Sugestão: dominar as técnicas para que os treinamentos sejam bem realizados e desenvolver ótimo nível de comunicação para se sair bem no vídeo.

2. Estratégia de comunicação para um bom treinamento a distância

Qual deve ser a estratégia para a montagem de um bom treinamento a distância, usando todos os recursos possíveis de comunicação, de tal forma que os participantes possam seguir com facilidade as orientações desde o início até a conclusão? Como agir para que os participantes tenham prazer em acompanhar as matérias sem sentir desconforto pelo peso da carga horária ou pelo excesso de tarefas propostas ao final das aulas?

Para responder a essas questões, é importante entender a estrutura e os objetivos do treinamento. A partir dessas informações será possível estabelecer a dinâmica do programa para que cada participante possa acompanhar e aproveitar os ensinamentos com mais facilidade.

> *Relevância*: ministrar treinamentos com excelência projeta a imagem do profissional e possibilita o aprendizado e o crescimento dos participantes.

As aulas precisam ser curtas – Não significa, entretanto, que o treinamento deva ser necessariamente enxuto. A partir do planejamento adequado será possível determinar a duração de um programa composto de módulos com aulas que tenham duração aproximada de 15 minutos. Se as sessões se estenderem além desse tempo, haverá o risco de os participantes se dispersarem e começarem a pensar em questões alheias ao treinamento. Sem acompanhar partes essenciais da matéria, talvez se sintam desestimulados e percam o interesse na continuidade do programa.

Estudos apontam que prestamos atenção máxima concentradamente por cinco minutos, e com muito esforço conseguimos chegar a 15. Sem considerar ainda a faixa etária, já que a idade do participante conta muito no tempo de atenção. Quanto mais jovem, mais limitada será a "paciência" para se concentrar. Outro aspecto fundamental nessa análise são os fatores externos, pois dificilmente os participantes de um treinamento a distância conseguem permanecer por muito tempo em silêncio, sem nenhuma interferência.

Tendo em vista essas considerações, vamos imaginar que você elabore uma aula de 40 minutos. Como vimos, essa duração é excessiva para que os participantes se mantenham concentrados no treinamento em vídeo. Eles precisarão interromper as orientações em vários momentos. Sem exagero, podemos supor que essas interrupções, provavelmente, ocorrerão meia dúzia de vezes até que a aula seja concluída. Os participantes talvez tenham de parar e voltar, parar e voltar diversas vezes para reverem os conceitos que escaparam por causa da desatenção. Reflita: será que essa aula não poderia ser dividida em duas ou três, com possibilidades mais amplas de aproveitamento?

Uma boa solução é dividir o treinamento em módulos, para que a assimilação do conteúdo seja mais eficiente. A experiência mostra que cinco ou seis aulas em cada módulo são suficientes para que todos possam acompanhar a matéria.

Insira links entre os conteúdos – O treinamento precisa ter um fio condutor, pois os participantes precisam entender por que a aula três, por exemplo, está ali naquele lugar. Se esse link for adequado ao contexto da aula, os participantes acompanharão mais facilmente o treinamento e chegarão ao final com poucas dúvidas, ou até sem nenhuma, permitindo assim que o seu objetivo pedagógico seja atendido.

Tenha um conceito-chave e repita-o diversas vezes durante o treinamento – Ainda que os participantes não saibam que se trata de um conceito-chave, ao perceberem que ele está sendo mencionado reiteradamente, identificarão sua relevância e o absorverão naturalmente.

·· Tenha material de apoio que ajude a reforçar o conteúdo e possibilite conectar as informações – Esse material deverá ser simples e de fácil acesso. Artigos e testes são bons exemplos. De que adiantará criar tarefas muito elaboradas se, de antemão, você já sabe que o participante, provavelmente, não se dedicará a elas e, pior ainda, não fixará o conteúdo. Inclua nesse material de apoio mensagens que repitam as informações-chave, para que os participantes não tenham dúvida da relevância daquela informação.

Tenha em mente que a repetição é importante no processo de aprendizado. Por isso, repita as informações quantas vezes forem necessárias, até que você tenha certeza de que, ao chegar no final do treinamento, os participantes terão absorvido tudo o que você queria que eles retivessem. Na verdade, as informações que eles precisavam mesmo aprender.

> *Sugestão*: elaborar aulas curtas. Repetir os conceitos-chave com frequência. Fornecer material de apoio para enriquecer a qualidade do treinamento e facilitar o aprendizado dos participantes.

3. O desconforto de fazer uma live

"O perigo do passado era que os homens se tornassem escravos. O perigo do futuro é que os homens se tornem autômatos."
Erich Fromm

Virou moda. Principalmente após a época do confinamento por causa da pandemia do coronavírus, fazer live se tornou uma espécie de esporte popular. Algumas pessoas já estavam habituadas a se comunicar a distância. Faziam reuniões com os mais diferentes recursos da tecnologia, e, com o tempo, foram dominando essa arte de falar olhando para a câmera. Outras já se valiam do Skype também há bastante tempo para falar com amigos e familiares.

A maioria, entretanto, precisou consertar o avião em pleno ar. Tiveram de aprender a participar de lives de uma hora para outra.

> *Relevância*: as lives são importantes para promover a imagem profissional e divulgar produtos e serviços. Para que esses objetivos sejam atingidos, são necessários critério e competência.

Muitas possuíam bons conhecimentos em determinada área, e, por isso, foram convidadas a falar do tema de sua especialidade. Inúmeras pessoas nos procuraram desesperadas porque não sabiam como agir e estavam com receio de "fazer feio".

Até palestrantes experimentados, com muitos anos de estrada, perderam o chão. Vieram nos dizer que falar diante de plateias numerosas, depois de larga experiência, passou a ser prazeroso. Um deles afirmou que quanto mais gente no auditório, mais animado ficava diante do microfone. Fora dos palcos, entretanto, mesmo sabendo falar bem, essa turma ficou intimidada ao enfrentar a novidade. Esses profissionais precisavam pelo menos conversar um pouco para saber como agir.

Por que será que muitas pessoas se assustam quando se aproxima a oportunidade de participar de uma live? Além do desconforto normal de falar em público, há outros motivos que devem ser considerados:

- É mais complicado falar em frente às câmeras. Quando alguém fala olhando para as lentes, de maneira geral, fica mais afetado. Observa com estranhamento a sua imagem e a maneira como se expressa. Não parece ser ele falando. Por se ver tão diferente de como imagina ser, se sente desconfortável e perde a naturalidade.
- É muito difícil uma pessoa gostar de assistir à sua própria apresentação gravada ou quando está sendo filmada. Esse fenômeno está quase sempre presente nas lives. Quem participa dessa ati-

vidade se analisa o tempo todo. É como se estivesse falando para ela mesma e não para os outros. Nesse processo, a tendência é a de questionar se está ou não acertando. Se a sua fisionomia está fechada ou aberta demais. Se está olhando para o lugar certo. Se o cabelo está bom. Se a roupa combinou. Se todos estão prestando atenção e gostando das informações. Esses e outros fatores a deixam insegura e, consequentemente, desconfortável ao participar da live. Se já é complicado falar em frente às câmeras, fica ainda mais difícil quando você está o tempo todo se assistindo ao vivo durante a sua "apresentação". É o desconforto de olhar para a própria imagem e ao mesmo tempo não poder escorregar no conteúdo.

Outras dúvidas que surgem com frequência e que podem tirar a tranquilidade ao participar da live são: e se a conexão falhar e a minha imagem sumir, ficar congelada ou granulada? Será que vão me julgar incompetente, inadequado, inexperiente? E se eu ficar ansioso e atropelar demais a pessoa que está participando da live comigo, vou parecer invasivo, descortês? Damos dicas específicas para essas questões, mas o que mais tira o sossego de quem faz uma live é o medo do julgamento.

O conselho mais importante que poderíamos dar neste momento é para não se pressionar desnecessariamente. A live nada mais é do que uma conversa, por isso, não precisa ter medo. No início vá de leve, com calma, sem se arriscar muito. Grave a sua live e assista várias vezes, quantas vezes puder, até que se acostume com a sua imagem e a maneira como se comunica. Procure falar o tempo todo não como se estivesse falando em público, fazendo discursos, mas sim conversando, batendo um papo de maneira animada. Esse comportamento mais natural e descontraído o deixará mais à vontade e, como resultado, a sua participação na live será mais agradável, segura e desembaraçada.

> *Sugestão*: participar de lives com conhecimento suficiente para manter a apresentação atraente o tempo todo. Cuidar da iluminação, do som, do cenário e, principalmente, escolher bem o interlocutor. Praticar bastante.

4. Como preparar o conteúdo para uma live

Vamos fornecer aqui as sugestões que damos nos nossos cursos e que temos utilizado nas nossas próprias apresentações. Percebemos que, ao saber como se comportar, a pessoa se sente mais segura e confiante.

> *Relevância*: se uma live não tiver conteúdo relevante, não despertará o interesse das pessoas. Por isso, nunca é recomendável fazer lives sobre um tema qualquer.

Fica um pouco nervosa no início, mas depois que a adrenalina assenta desenvolve a conversa até com bastante tranquilidade. É tudo muito simples, mas certos cuidados precisam ser tomados para se obter um bom resultado.

Mesmo conhecendo muito bem o assunto que será abordado na live, você não pode ser negligente e achar que as informações surgirão sempre na hora, como num passe de mágica. É preciso se preparar para essa conversa. Comece fazendo uma lista dos temas que poderão ser discutidos. Verifique se todos estão direta ou indiretamente ligados ao seu campo de conhecimento. Tente se lembrar de histórias que poderiam ser contadas para tornar a exposição mais interessante. Para uma hora de conversa, seria bom ter pelo menos meia dúzia de histórias curiosas. Se a lista de temas selecionados for grande, melhor ainda. Provavelmente você não conseguirá falar sobre todos eles e sobrará assunto para muitas outras lives. Com isso, você ficará mais confortável, pois não correrá o risco de não ter o que dizer.

A duração da história vai depender do contexto da live. Quando o interlocutor tem raciocínio rápido e puxa assuntos a partir da própria conversa, o diálogo flui de forma espontânea. Há casos, entretanto, diríamos até que na maioria das vezes, em que a pessoa tinha em mente apenas algumas perguntas e mata a conversa logo nos primeiros minutos. Os participantes ficam naquele silêncio desconfortável ou comentam fatos que não têm nenhuma relação com o objetivo da live. Você olha para o contador de audiência e nota que os números estão despencando.

Especialmente quem não tem muita experiência, mas, cá entre nós, até para quem já possui boa quilometragem de lives, é conveniente marcar um horário para conversar com quem participará com você. É nesse momento que você irá discutir os pontos que serão abordados, e, principalmente, o que deverá ser evitado na conversa. Essa fase preparatória ajuda muito. Normalmente o que é combinado nesse diálogo preliminar acaba sendo debatido na hora da apresentação.

Se estiver inseguro com relação a algum detalhe, nada impede que deixe à mão um roteiro para ajudá-lo a se lembrar da sequência dos temas, de nome de autores que pretende citar, de alguma frase que queira mencionar. Você vai se sentir tão seguro com esse recurso de apoio que, quase com certeza, não precisará recorrer a ele. Até alguns livros poderão ser utilizados nesses momentos. Deixe tudo ao seu alcance.

Tome cuidado para não interromper o interlocutor durante o raciocínio. Algumas pessoas ficam tão ansiosas que não conseguem ouvir direito o que o outro está dizendo. Pegam uma palavra no meio do caminho e cortam o pensamento do companheiro de live, sem perceber que estão se comportando de forma inadequada. Se for para fazer um comentário dentro do assunto que está sendo tratado, tudo bem, até ajuda no ritmo da conversa. Ainda que tenha muito conteúdo, não monopolize a conversa. A mudança de atores torna a mensagem mais interessante.

Se, por acaso, fizer lives individuais, sem a participação de um convidado, estude ainda mais o assunto e tenha à mão uma boa quantidade de informações como recurso de apoio. Sozinho, sem ninguém para conversar, é mais difícil manter um bom ritmo de exposição. É como se fosse uma palestra com uma hora de duração, embora nada obrigue que seja tão longa. Algumas lives mais curtas, de 30 a 40 minutos, chegam a ser bem interessantes.

Se tiver dúvidas se o assunto vai render ou não, nem pense em desativar os comentários. Na maioria das vezes, surgem ali perguntas relevantes, permitindo que o assunto se prolongue por muito mais tempo.

> *Sugestão*: preparar o tema da live como se estivesse elaborando uma palestra importante. Esquematizar todas as etapas da conversa para que possa cumprir o tempo determinado, mantendo o interesse das pessoas.

5. Os cuidados com os equipamentos para a live

Ninguém precisa montar um estúdio cinematográfico para fazer uma live. Nada de se preocupar em fazer investimentos vultosos para essa atividade. Ainda assim, alguns cuidados básicos precisam ser observados, desde a qualidade do smartphone usado para a filmagem e transmissão até o cenário, passando pelo som e pela iluminação. Se deixar escapar um desses detalhes, poderá pôr em risco a qualidade da apresentação.

Se você pretende fazer muitas lives, vale a pena investir um pouco na iluminação. Nada muito custoso. Um aparelho *ring light* é simples, barato e proporciona excelente qualidade de iluminação, e depois você poderá utilizá-lo para fazer outras gravações. Você vai encontrar opções de todos os preços, desde os mais em conta até os que custam cinco, seis vezes mais. Essa escolha vai depender do bolso e do uso que pretende fazer. É prudente realizar algumas gravações antes para observar a distância mais adequada da luz. Não tenha preguiça. Grave várias vezes.

> *Relevância*: os equipamentos utilizados numa live podem ser determinantes para que o evento seja bem-sucedido.

Você poderá gravar diretamente no microfone interno do smartphone ou usar um fone de ouvido com microfone. O uso do fone com microfone é interessante principalmente quando a conexão de internet não é das melhores, para que o som não fique "cortando" o tempo todo. Os fones de ouvido sem fio, além de serem caros, na maioria dos casos, não contam com bons microfones. Eles costumam não apresentar resultados satisfatórios. Experiência pessoal. Gastamos muito nesse tipo de fone de ouvido, mas depois da primeira experiência voltamos para os fones com fio.

O ideal é ter um smartphone de geração mais atual. As câmeras são cada vez mais poderosas e com admirável qualidade. Se o bolso estiver curto e o seu celular já tiver completado alguns aniversários, procure compensar a falta de qualidade da câmera com um pouco mais de iluminação. Pense também em pedir emprestado o aparelho de um amigo ou parente. Sempre tem alguém mais abonado por perto e que pode ceder o aparelho por algumas horas.

Estude bem o local onde vai se posicionar. Verifique com cuidado todos os objetos que ficarão atrás de você. Paredes lisas com algum quadro bonito podem resolver. Se tiver uma estante de livros bem-arrumada também será uma excelente solução. Há profissionais especializados em produzir cenários. Você escolhe um de sua preferência e coloca atrás sempre que for fazer uma live; hoje, dependendo do aplicativo que você vai utilizar para fazer a live, é possível até usar filtro com fundo verde.

Combine com a galera em casa para deixar as portas fechadas e evitar circulação na hora da live. Barulhos de televisores ou rádios ligados, conversas em voz alta, outros smartphones sintonizados na live, sem o uso de fone de ouvido, provocam interferências.

Sugestão: sem que tenha de fazer gastos excessivos, cuidar da iluminação, do som, do cenário, para que não comprometam o resultado.

6. A frequência e o domínio das lives

Algumas pessoas fazem lives com muita frequência e não têm tanto conteúdo assim. Os assuntos se tornam repetitivos e a imagem pode ser prejudicada. É preferível fazer menos, mas com boa qualidade, a se expor o tempo todo falando sobre temas que já se desgastaram. Procure aceitar convites de pessoas com quem tenha algum tipo de afinidade, ou por ser conhecida, ou por causa do tema que irão discutir.

Assim que aceitar o convite, dê um jeito de assistir a alguma live que a pessoa que o convidou tenha feito. Assim você poderá analisar que tipo de pergunta ela gosta de fazer, se fala muito ou pouco, se dá liberdade para o companheiro de live se expressar, se entende e gosta de brincadeiras. Enfim, quanto mais puder saber a respeito da pessoa melhor.

Além dessa precaução com a parcimônia com as lives, dedique-se a dominar todas as operações elementares para participar dessa atividade. Verifique se já segue a pessoa com quem fará a live, quais são os procedimentos para participar da conversa, a maneira correta de posicionar a câmera do smartphone.

> *Relevância*: o bom funcionamento da live pode mostrar muito do perfil de quem está se comunicando.

Se estiver dirigindo a live, precisa ficar atento para acessar o link no horário combinado, pois pontualidade é fundamental, assim como aceitar o pedido para que a outra pessoa participe. Se ela não fizer o pedido para participar, você precisará tomar a iniciativa de fazer o convite.

Se, por acaso, o convidado demorar um pouco para entrar, não se desespere, nem fique aguardando em silêncio. Você sabe qual assunto será discutido e o rumo que será dado à conversa. Enquanto aguarda, comece a discutir alguns desses pontos, como se já estivesse conversando com seu interlocutor. Assim que ele entrar, faça um brevíssimo resumo das questões que desenvolveu para que possam continuar no mesmo ritmo da conversa.

Durante a live, se os comentários estiverem abertos, procure dar atenção às pessoas que estão entrando e fazendo observações. Se não se sentir confortável para ler os comentários, ou se o número de participantes for muito elevado, será preferível desativá-los. Porém, nunca faça isso antes de aceitar a entrada do seu convidado; se desativar os comentários, você não conseguirá aceitar o participante na live. Uma boa solução para contornar essa pressão é ter já algumas perguntas elaboradas antecipadamente. Durante a live vá intercalando essas questões na conversa.

Estude todos os detalhes de como deverá proceder. Saiba como fixar uma frase importante para que ela permaneça o tempo todo na tela, como, por exemplo, fixar o título da live no Instagram. Aprenda como encerrar a live, como salvá-la, como adicionar um título e como escolher uma boa imagem para a capa. Faça um passo a passo para dar uma olhada de vez em quando.

Se você estiver começando, faça as primeiras lives apenas como convidado. Deixe para convidar quando já estiver bem experiente e se sentir à vontade para conduzir. Se ninguém resolver convidá-lo e você estiver com vontade de participar desse mundo, dê um jeito de se aproximar de alguém que possa fazer o convite. Aí entra a vantagem de um bom network. Você pode não ter esse contato direto, mas talvez conheça alguém que possa ajudá-lo.

Sugestão: ser pontual para iniciar e encerrar a live. Avaliar se os comentários devem ficar abertos ou fechados. Analisar como deverá ser feita a divulgação do evento. Verificar a conveniência de manter a live gravada para que outras pessoas possam assistir. Se, por acaso, o resultado não tiver sido positivo, talvez seja melhor deletar.

---

7. A importância e os benefícios das lives

As lives vieram para ficar. Quando bem aproveitadas por quem as produz, se constituem em excelente meio de promoção pessoal e divulgação de serviços e produtos. Escolha com cuidado a plataforma que pretende utilizar. Avalie a possibilidade de promover combinações com duas ou mais delas. Lance mão daquela que seja de sua preferência, para que se sinta mais confortável e possa proporcionar mais visibilidade para você e seu negócio, e insista no uso dessa que julgar mais vantajosa.

Procure utilizar a plataforma em que tenha mais seguidores e maior engajamento, por mais que outras pessoas insistam em dizer que outra plataforma é melhor. Algumas lives chegam a ter centenas, milhares de pessoas assistindo. Depois da publicação do vídeo, esse número é multiplicado. Não seria fácil encontrar plateias tão numerosas dispostas a ouvir o que você tem a dizer. Além disso, você terá possibilidade de atingir pessoas do mundo todo – ao vivo e depois que a live for publicada, o que seria muito difícil com uma apresentação off-line. Pense em como sua imagem pode ser bem projetada com esse recurso e tire o máximo de proveito dele. Por isso, é preciso estar preparado, para que o resultado seja sempre positivo.

> *Relevância*: as lives permitem diálogos descontraídos e naturais. As informações sobre produtos e serviços podem ser acrescentadas como se fizessem parte da conversa, quase sempre sem resistência de quem acompanha.

Entre as vantagens mais importantes da live estão: como as informações são abordadas a partir de uma conversa descontraída, com jeito de um bate-papo descompromissado, é possível transmitir até conteúdos mais complexos de maneira leve e descomplicada. As pessoas absorvem e retêm os temas discutidos sem esforço e sem pressão.

O benefício para quem assiste às lives é poder selecioná-las de acordo com seu interesse e suas necessidades, da mesma maneira como escolhe os cursos que pretende fazer. Descobrem que muitas vezes recebem conteúdos de forma até mais didática e simplificada que em uma palestra. Esse tom descontraído de conversa deixa o ensino mais agradável e facilita o aprendizado. Outro ponto que precisa ser destacado é que as lives estão disponíveis gratuitamente, e muitas delas são produzidas por profissionais que têm muito a acrescentar, como renomados autores, pensadores e professores.

Esses são os aspectos mais relevantes a serem observados por quem deseja fazer uma boa live. Servirão não apenas para quem estiver começando, mas também para aqueles já experientes nessa atividade. Muitos que já se habituaram com as lives ainda apresentam falhas elementares, como interromper de forma abrupta seu interlocutor, usar cenário desleixado, monopolizar a conversa, enfim, detalhes que são negligenciados e podem se constituir na diferença entre uma live de boa ou má qualidade. À medida que a pessoa vai se tornando mais experiente, aprimora suas participações. Passa a notar se a luz faz sombras indesejáveis, qual é a cor de cenário mais adequada, que tipo de assunto interessa mais às pessoas. E passará a agir como se comporta em uma boa conversa com os amigos.

> *Sugestão*: decidir com antecedência qual é o melhor momento para falar sobre cada um dos temas. Aproveitar o instante de maior audiência para falar dos produtos ou serviços, sempre tendo em conta o contexto da conversara.

8. Como fazer boas reuniões a distância

"Hoje em dia, cada um de nós está ligado eletronicamente a todo mundo, e, no entanto, nunca como agora nos sentimos tão sós."
Dan Brown

Com a pandemia do coronavírus, tivemos de ficar isolados em casa, mas não ficamos desamparados. Uma prática que vinha se tornando corriqueira ganhou ainda mais força neste período de confinamento. Os profissionais perceberam que poderiam fazer ótimas reuniões sem botar o pé para fora de casa. Programas com versões pagas e gratuitas existentes já naquela oportunidade, como Zoom Meetings, Microsoft Teams, Skype, entre outros, foram ferramentas excepcionais, que ajudaram a programar e realizar reuniões de qualidade.

> *Relevância*: com a pandemia do coronavírus em 2020, as reuniões a distância se tornaram ainda mais frequentes. A boa participação do profissional pode ser de fundamental importância para a sua carreira.

Qualquer profissional, com boa vontade e um pouco de prática, também poderá lançar mão desse recurso. É só olhar o exemplo curioso das crianças. Sem poder frequentar as escolas, a garotada aderiu às ferramentas de reuniões não presenciais, afinal, o processo de educação e aprendizado precisa continuar.

Rafaela Leal, de 4 anos, por exemplo, ficou confinada em casa por causa do coronavírus, assim como seus coleguinhas. Além das atividades escolares, que passaram a ser realizadas em casa, e as aulas virtuais, os pais de Rafaela encontraram uma outra forma de utilizar essas ferramentas de reuniões: como uma forma de a garotinha matar a saudade e socializar com os amigos, já que os encontros presenciais não eram possíveis. Como o grupo de Rafaela era pequeno, cerca de seis crianças, puderam fazer sua reunião a distância, com a tecnologia de que dispunham, sem gastar um tostão.

Nesse período de isolamento, essas plataformas também foram muito úteis para encontros de amigos, aniversários virtuais e outras reuniões sociais.

A utilidade maior é na vida corporativa

Estamos dando o exemplo da reunião de um grupo de crianças para mostrar a praticidade do programa. Em se tratando de reuniões, a utilidade maior, entretanto, é para o mundo corporativo. Veja este exemplo das reuniões realizadas por profissionais.

Ricardo Oliveira, executivo de uma multinacional, nessa mesma fase da pandemia, estava trabalhando em home office, assim com seus superiores, pares e subordinados. E esse pessoal precisava mais do que nunca participar de reuniões. Mais uma vez a salvação para eles foi o programa utilizado pela Rafaela e seus amiguinhos, o Zoom Meetings.

Também no caso do Ricardo, como os grupos eram reduzidos, embora composto de profissionais importantes na organização, fizeram as reuniões sem nenhum custo. Com o tempo, como o home office se prolongou, os programas foram sendo substituídos por plataformas pagas, e todos chegaram à conclusão de que quem domina uma domina todas.

A experiência do confinamento obrigatório mostrou que as reuniões a distância podem ser tão ou mais produtivas que as presenciais. Em um país com distâncias continentais como o nosso, realizar uma reunião presencial exige muito tempo e impõe elevados gastos financeiros. Com o constante desenvolvimento da tecnologia, os novos programas podem atender às necessidades de cada grupo e de cada circunstância.

O esquema de home office tem se mostrado cada vez mais eficiente, e o modelo de trabalho híbrido uma boa solução. Portanto, aquele que não tiver domínio de reuniões por videoconferência certamente estará em desvantagem no mercado.

Sugestão: conhecer todas as plataformas e aplicativos para reuniões on-line disponíveis. Treinar bastante para ter o domínio total dos recursos, de tal forma que possa se concentrar apenas na fala e no conteúdo da apresentação.

---

9. A importância de uma boa preparação

Se a reunião presencial exige boa preparação para que possa ser eficiente e atingir seus objetivos, quando realizada a distância, os preparativos precisam ser ainda mais cuidadosos. Por exemplo, deixar todo material de consulta à mão, para não ter de sair no meio da conversa para procurar documentos e relatórios. Essas interrupções podem quebrar a sequência do encontro e desestimular a participação do grupo.

> *Relevância*: a reunião remota exige ainda mais preparo que as presenciais. Todos os detalhes precisam ser considerados.

O mesmo deve ser observado quanto à comunicação. O ritmo da fala deve ser agradável, as pausas bem executadas e o vocabulário adequado àquele grupo de profissionais. Cada tópico discutido precisa ser objetivo, lógico e muito bem concatenado. Essa disposição dos temas com começo, meio e fim ajuda na exposição de quem fala e, principalmente, no entendimento de seus pares.

Vamos discutir os aspectos mais relevantes para que os cuidados na elaboração prévia das reuniões garantam seu bom desenvolvimento e, um detalhe que nunca pode ser negligenciado, o sigilo das informações discutidas.

Sigilo – Nunca é demais lembrar que certas informações discutidas em uma reunião precisam ser guardadas a sete chaves. Quando os encontros são presenciais, basta fechar a porta. E, se o sigilo for mesmo daqueles que precisam ser mantidos a ferro e fogo, vale até pedir que os participantes desliguem os celulares ou mesmo que não entrem na sala com eles. No caso das reuniões virtuais não é diferente. Também nessas ocasiões, o sigilo deve ser considerado, pois, dependendo das informações que serão debatidas, se vazarem, esse descuido poderá prejudicar o andamento do projeto e, em casos mais graves, até o futuro da empresa. A preocupação de algumas organizações é tão grande com relação ao sigilo que obrigam os profissionais a realizarem reuniões apenas com áudio, mantendo a câmera desligada.

O que é confidencial deve ser protegido com o sigilo adequado, esteja você nas dependências da empresa ou na sua casa.

Cuide da privacidade – Nem sempre as pessoas da família entendem a seriedade das reuniões virtuais. Alguns, sem a experiência da vida corporativa, vêm esses encontros on-line como simples conversas descompromissadas. Por isso, além de alertar os que estão em casa na hora da reunião sobre a seriedade do evento, procure realizar esses encontros em locais onde as pessoas não passem atrás de você ou na frente da câmera. Dessa forma, você se sentirá mais seguro com as informações e não irá incomodar a privacidade dos seus familiares. Pense como seria desagradável se alguém da sua casa aparecesse de pijama no meio da reunião.

Cuidado com os fones de ouvido – Os fones de ouvido são usados na maioria das reuniões virtuais, ou por privacidade, ou para neutralizar os ruídos externos. Um cuidado geralmente negligenciado na utilização dos fones de ouvido é com o volume.

Provavelmente, todos nós já ouvimos desde há muitos anos que a audição do jovem poderá ser prejudicada por causa do uso prolongado de fones com volume elevado. Por mais que se aconselhe, quase sempre os jovens não dão atenção a essas orientações e o conselho entra por um ouvido e sai pelo outro.

Essa preocupação não é mania de gente velha, não. A OMS já declarou que a perda de audição é uma de suas cinco prioridades do século. Segundo essa organização, aproximadamente 50% dos jovens com idade entre 12 e 35 anos correm o risco de perder audição por causa do hábito de usar fones de ouvido por tempo prolongado e com volume inadequado.[26] Os números são assustadores. Pouco mais de um bilhão de pessoas, principalmente habitantes de países desenvolvidos. É simples imaginar que esses dados podem e devem ser transportados para as reuniões virtuais, já que muitas vezes o período de utilização

---

26. Dados da pesquisa foram publicados pelo *Jornal da USP*. Veja: FERREIRA, 2019.

dos fones em reunião acaba sendo maior até que o do jovem ouvindo música. A recomendação dos especialistas é que se limite o tempo de utilização e reduza o volume. Como nem sempre é possível reduzir o tempo de utilização, pelo menos deve-se diminuir o volume.

Nas reuniões, o uso de fones de ouvido com volume acima do recomendável, além de provocar a perda da audição, pode impedir que a pessoa ouça o som do ambiente externo, concluindo que o volume não está tão elevado. Como consequência, passa a falar mais alto e, em certas circunstâncias, até gritando. Essa atitude pode tornar sua participação cansativa e fazer com que as outras pessoas se sintam incomodadas. São detalhes como esse que podem dar ou não qualidade à sua participação nas reuniões virtuais.

De olho no tempo – Se você estiver conduzindo a reunião, cuidado para não perder tempo com assuntos desnecessários. Já falamos por diversas vezes sobre o tempo de atenção do ouvinte ser curto, e, em ambientes virtuais, esse tempo se torna ainda mais restrito. Tenha uma boa pauta e, ao final, prepare uma ata da forma mais completa possível, para que no próximo encontro não se perca tempo com assuntos que já foram discutidos.

O vídeo está ligado? – Se o vídeo estiver ligado durante a videoconferência, não esqueça da comunicação visual. Muitas vezes, por se sentir desconfortável, a pessoa olha para baixo, mexe nos papéis e esquece de manter o contato visual com aqueles que estão participando da reunião.

O vídeo está desligado? – Em alguns casos, como vimos, por solicitação das empresas, as videoconferências são realizadas sem a utilização do vídeo. Nessa situação a tarefa passa a ser ainda mais difícil. Como manter a concentração de todos sem saber se estão atentos ou não? Para contornar essa dificuldade, trabalhe bem o volume da voz e a velocidade da fala, para que o ritmo seja envolvente. Outro bom recurso é o de fazer perguntas durante a reunião para que todos interajam o maior tempo possível.

A experiência mostra que, para aprender a participar bem de reuniões a distância, sendo possível, é conveniente antes saber como se comportar nos encontros presenciais. Quando tiver esse domínio, com pequenas adaptações, poderá transportar essa competência para falar diante das câmeras.

Essa desenvoltura do profissional diante da câmera ao participar de reuniões virtuais pode ser vital para a sua carreira. Nos encontros presenciais, até dá para disfarçar e camuflar um pouco a incompetência ou falta de envolvimento. Nas reuniões a distância, não. Se alguém não participa, ou participa mal, em pouco tempo as pessoas irão perceber. E, mais do que nas reuniões presenciais, as deficiências de comunicação podem ser confundidas com despreparo profissional.

Portanto, não há outro caminho: é preciso se dedicar muito a esse aprendizado, para que a comunicação se transforme em um atributo positivo para a carreira, e não em um entrave para o seu crescimento.

De maneira geral, as câmeras intimidam e acabam por afetar a espontaneidade. Olhar para o aparelho, sem ter ninguém à sua frente, chega a ser desconfortável para quem não está habituado. Com um pouco de prática, entretanto, a pessoa vai se familiarizando e passa a agir com naturalidade.

Essa comunicação a distância é uma realidade que precisa ser considerada por todos os que atuam na vida corporativa, ou em atividades liberais. E vale a pena repetir, sem essa competência, será cada vez mais difícil para o profissional se posicionar bem em suas funções.

Sugestão: quando a reunião for realizada de casa, ter cuidado com o sigilo das informações. Cuidar para que a conversa tenha o máximo de privacidade, como se acontecesse em uma sala de reunião. Observar se os fones de ouvido não estão com volume muito elevado.

10. Você precisa gravar vídeos com qualidade ou deseja ser um youtuber? Aqui estão as dicas

No final dos anos 1970, com a crise do petróleo, o Brasil desenvolveu um programa para a produção de carro a álcool. A propaganda que ficou na cabeça de quem viveu aquela época foi marcante: "Carro a álcool. Você ainda vai ter um". Muitos pensavam: "Esses caras não me pegam não com esses carros que não dão partida no frio e precisam ser empurrados para pegar no tranco".

Relevância: as pessoas estão acostumadas com vídeos de boa qualidade, especialmente nos programas de televisão, por isso têm expectativa de gravações de bons vídeos. Uma produção descuidada pode passar a impressão de que o conteúdo também é ruim.

Passados os anos, não é que um dia essas pessoas se viram pedindo para o frentista do posto de combustível completar o tanque com álcool?! A ameaça, digo, a profecia da propaganda estava concretizada; acabaram por ser proprietários de um carro movido a álcool. Alguns são flex, mas que funciona a álcool, funciona.

Da mesma forma como essa previsão deu certo, pelo menos no caso dessas pessoas, nos atrevemos a fazer outra agora: "Vídeo. Você ainda vai gravar um". Cada dia mais nos vemos obrigados, por uma série de circunstâncias, mas principalmente por questões profissionais, a gravar mensagens em vídeo.

Com bastante frequência recebemos em nossa escola jovens que desejam se transformar em youtubers. Fascinados com a projeção meteórica de meninos e meninas que se embrenharam nessa atividade, querem saber como se comportar diante das gravações, que cuidado precisam ter e, principalmente, como agir para conquistar sucesso.

Quando perguntamos o que sabem a respeito de gravações em vídeo, quase sempre vem a resposta óbvia: preciso filmar com a câmera deitada. Só? E mesmo essa informação não está correta, pois há situações em que o vídeo deve ser gravado na vertical. Embora seja fácil fazer boas filmagens com o celular, alguns cuidados básicos precisam ser adotados. São aqueles errinhos que não podem ser cometidos.

Na vida corporativa, nas atividades liberais ou como youtubers profissionais, é preciso saber como se comportar bem nos vídeos. Um vídeo sem qualidade, postado por você, poderá arranhar a sua imagem, em alguns casos até de forma permanente. Por isso, veja a seguir algumas regrinhas simples de como fazer uma boa gravação em vídeo.

- **Cuidado com a aparência** – Não é porque você faz um vídeo informal, dentro da sua própria casa, que vai negligenciar sua aparência. Lembre-se de que a sua gravação poderá ser vista por centenas, milhares ou, em alguns casos, por milhões de pessoas. Portanto, fique atento à roupa, ao penteado e aos adereços que irá usar. Hoje existe filtro pra tudo. A pele fica melhor e a iluminação também. Porém, se você não souber como usar, ficará muito artificial.
- **Cuide bem do cenário** – Consuma bastante tempo cuidando do cenário. Observe os objetos que vão aparecer no vídeo. Note como algumas pessoas são desleixadas com as gravações, deixando no fundo peças de roupas jogadas, livros, revistas e jornais desarrumados, e tantos outros objetos que podem desviar a atenção de quem assiste e até passar imagem negativa sobre elas. Nem sempre é possível se dar conta de como esses objetos podem atrapalhar. Por isso, habitue-se a fazer testes com pequenas gravações, só para ver como o cenário irá aparecer.
- **Grave com um bom equipamento** – Hoje os aparelhos celulares possuem altíssima qualidade para fazer gravações. Por isso, mesmo que tenha de emprestar de um amigo ou alugar de uma empresa especializada, escolha o que puder ter de melhor. Se pretender fazer gravações com frequência, faça o investimento e compre um de última geração.

Avalie a qualidade do som – De maneira geral, gravar vídeos usando o microfone da própria câmera pode não ser o ideal. Todos os ruídos do ambiente e dos arredores são captados, prejudicando a qualidade do som. Nesse caso, compre um bom microfone externo; são baratos. E já que estamos falando em som e microfone, verifique se o cabo do microfone é comprido o suficiente para poder ser escondido. Nós também, no início, chegamos a fazer algumas gravações com o fio do microfone à mostra, mas isso dá um ar de trabalho amadorístico e caseiro. Uma ex-aluna, que trabalha numa emissora de televisão no sul do país, resolveu fazer uma entrevista na nossa escola sobre um dos nossos cursos. Ela se descuidou e o fio do microfone ficou o tempo todo aparecendo na gravação. A entrevista não pôde ir ao ar por esse motivo.

Teste a iluminação – Talvez não precisasse dizer que se a luz estiver atrás de você sua imagem poderá ficar escura. Por esse motivo, prefira deixar a luz sempre na sua frente. Tudo vai depender de até que ponto você deseja se profissionalizar. Alguns youtubers investem em equipamentos de iluminação sofisticados, que dão mais qualidade à imagem e tornam a fisionomia mais simpática. Esses recursos de iluminação não chegam a ser dispendiosos. Tudo vai depender das suas pretensões. A luz do dia, de frente para uma janela bem iluminada, também funciona para dar qualidade à gravação. Luz a pino e iluminação de cima acabam deixando a pessoa com cara de cansada.

Não deixe erros e incorreções – Você não pode ter preguiça. Se cometer algum erro gramatical, pronunciar mal alguma palavra ou se equivocar em alguma informação, respire fundo e faça tudo de novo. Quantas vezes forem necessárias. Algumas gravações precisam ser refeitas dez vezes ou mais. É um trabalho que compensa. Nesse item podemos acrescentar vícios como "né?", "tá?", "ok?" no final das frases, e os irritantes "ããã" e "ééé" durante as pausas. Elimine-os. Verifique também se não está repetindo palavras e expressões que se tornam vícios desagradáveis, como "tipo assim", "na verdade", "então" etc. Também afaste-os da sua comunicação.

Há programas simples que permitem editar as gravações. Podem ser muito úteis para corrigir os erros cometidos, sem ter de gravar tudo novamente. Falando em edição, cuidado para não se entusiasmar e usar todos os recursos disponíveis no programa. Quanto mais simples, menor a possibilidade de cometer erros e excessos. Vai bem uma transição de imagem, como se estivesse falando com câmeras diferentes. É recomendável, se souber fazer de maneira correta, gravar sobre um fundo verde ou azul para incluir imagens na montagem final, aproveitando a técnica do chroma key. Hoje em dia, legendar o texto todo da fala é visto como inclusão, além de que alguns estudos indicam que muitas pessoas assistem aos vídeos no mudo. Se puder legendar a fala, legende.

¨ **Providencie um tripé** – É muito difícil encontrar uma pessoa que consiga fazer a filmagem segurando a câmera sem dar uma tremidinha. Quanto mais longa a gravação, mais difícil será manter esse controle. Tripés para sustentar celulares são baratos e muito úteis. Alguns possuem adaptações para todo tipo de superfície.

¨ **Seja natural** – Aqui está o seu maior desafio: falar com naturalidade. A maioria das pessoas não consegue ficar natural diante de uma câmera. Conversam com desenvoltura no dia a dia, mas é só ligar a câmera para que percam a espontaneidade. Para atingir o ponto ideal, você terá de praticar bastante. Ou seja, terá que dar um duro danado para conseguir ser você mesmo. Se tiver muita dificuldade para se comportar de maneira natural diante da câmera, aqui vai uma dica de ouro, que funciona na maioria dos casos: peça para que uma pessoa fique atrás da câmera e faça a pergunta que se encaixa na mensagem que você pretende passar. Ao falar como se estivesse respondendo à pergunta, ficará mais espontâneo. Ah, mas não se esqueça de que deverá olhar para a câmera, e não para quem fez a pergunta.

Fale com emoção – Se você assistir aos vídeos disponíveis na internet, irá constatar que, junto com a falta de naturalidade, a fala monótona é o maior defeito que as pessoas apresentam. Falam sem energia, sem vibração, sem entusiasmo. Sem comprometer o seu estilo, interprete bem a mensagem que transmite. Faça com que as pessoas vejam na sua apresentação o envolvimento que o assunto merece. Só não vale falar como se estivesse num palanque fazendo discurso político. Neste caso, também vale a pena fazer alguns testes.

Repita a mesma mensagem várias vezes, com diferentes interpretações e demonstrações de envolvimento. Quando perceber que passou do ponto e a emoção começa a torná-lo artificial, é hora de colocar uma régua de limite, deixar uma pequena margem de segurança e permanecer nessa fronteira.

Além de ajudá-lo a encontrar a melhor interpretação, esses testes são importantes para que você treine bastante e possa se sentir mais à vontade diante da câmera. Por isso, quanto mais treinar, melhor será o seu desempenho. Se comparar as últimas gravações com as iniciais, perceberá uma enorme diferença. Notará uma evolução excepcional.

Peça a alguém que considere sensato para ajudá-lo na avaliação. Ah, e aceite as críticas como uma ajuda preciosa. Nada de reclamar ou tentar se justificar. Por isso, escolha alguém em quem confie bastante e possa ser um parceiro interessado no bom resultado de suas apresentações.

Observe as pausas com bastante cuidado – Especialmente nas primeiras gravações, ocorre normalmente um nervosismo mais acentuado. Por causa dessa insegurança, a tendência é acelerar a fala, pois o silêncio da pausa chega ser desconfortável. Treine até conseguir fazer pausas expressivas, que demonstrem seu domínio sobre o assunto.

Dê atenção especial à expressão corporal – Os gestos diante das câmeras devem ser moderados. O excesso pode tirar a concentração das pessoas. Procure não passar as mãos na frente do rosto. Tenha a parte superior do peito como limite para altura do gesto. A menos, lógico, que a mensagem e a emoção do momento exijam gestos mais contundentes.

Seja cuidadoso com a fisionomia – Nada de falar com aquele jeitão circunspecto, carrancudo. A não ser que tenha de transmitir mensagens muito sérias ou pesadas, deixe o semblante arejado, simpático, expressivo, com um leve sorriso. Esse comportamento tem influência especial na percepção de quem assiste ao vídeo. Lembre-se também de olhar naturalmente para a lente da câmera. É assim que você demonstrará que fala diretamente com quem assiste à apresentação.

Prepare muito bem a mensagem – Mesmo que seja para falar por pouco tempo, prepare-se exaustivamente. Não deixe nada ao acaso. Se por ventura se esquecer de algo relevante na gravação, mais uma vez insistimos: não tenha preguiça, refaça a apresentação. Quanto mais perfeita, melhor.

Para quem deseja ser youtuber – Se você deseja se tornar um youtuber, além de todos esses cuidados que foram mencionados, procure se dedicar a um tema no qual possa se especializar. Seu objetivo deve ser o de se transformar em referência no assunto. Aquele que atira para todos os lados acaba não acertando nenhum alvo.

Além desse foco, estude que aspecto do tema pode interessar mais às pessoas. Não adianta se dedicar a uma matéria, ter o domínio de todo o conteúdo, se o assunto não for ao encontro das aspirações de quem irá assistir aos vídeos. Por isso, pesquise, avalie e teste até descobrir o ponto que efetivamente interessará às pessoas.

É uma boa carreira. Pode ser promissora e muito rentável em alguns casos. Há notícias de que os mais bem remunerados chegam a faturar milhões por mês. Por isso, mesmo que demonstre descontração, leveza e informalidade, precisará agir sempre com muito profissionalismo. Construa uma trajetória que o realize e da qual possa se orgulhar. Não é fácil se sobressair, mas também não é impossível. Seja determinado e não recue diante dos obstáculos.

Sugestão: caprichar na qualidade dos vídeos. Participar de cursos que orientem como fazer boas gravações, que se aproximem das profissionais. Caprichar no cenário. Usar bons equipamentos. Quando errar, repetir quantas vezes forem necessárias até que o erro seja eliminado. Usar tripé para a câmera. Falar com naturalidade, mas também com energia.

SUPERDICAS

Agora que você sabe tudo o que precisa para se comunicar melhor, vamos apresentar algumas dicas para você dar um *Up!* na vida profissional.

Dez conselhos de um CEO de destaque para se dar bem na carreira

> *"Eu errei 9 mil lances na minha carreira. Eu perdi quase 300 jogos. Vinte e seis vezes eu acreditei que conseguiria vencer e fui derrotado. Eu falhei uma e outra vez na minha vida. E é por isso que eu consegui."*
> Michael Jordan

Assistimos a uma palestra que jamais escapou à nossa lembrança. O palestrante era CEO de uma multinacional e falava em um fórum de carreira para jovens. Pegou pesado com a mensagem. Conseguiu com sua atitude mexer com a cabeça da garotada e deu a eles o que pensar. Essa apresentação se transformou em uma importante aula de vida para aquela plateia e serve também para a nossa reflexão. Omitimos o nome do palestrante porque acrescentamos algumas informações com certa "liberdade poética".

Onde estou e o que desejo

O palestrante começou sua apresentação com um questionamento instigante: hoje eu sou presidente dessa empresa importante. Você gostaria um dia de ocupar a minha posição? Milhares de jovens que assistiam à sua apresentação, e estavam apenas iniciando a vida profissional, levantaram as mãos. Esse era, possivelmente, o sonho daqueles meninos e meninas que lutavam para encontrar um rumo na carreira.

Após alguns instantes de silêncio, aguardando que baixassem os braços, o orador continuou: "Eu estou aqui na ponta da pirâmide, e você, como está dando os primeiros passos, está na parte de baixo, na base. Vamos analisar o que você terá de fazer para sair desse estágio inicial e chegar até o ponto almejado".

Primeiro: a posição aspirada não chegará até você

O sucesso não vai cair no seu colo. Empreenda esforços para escalar cada um desses degraus. Estou dizendo, portanto, que deverá se municiar de conhecimento e bastante energia para essa jornada. E já aviso que serão muitos os momentos em que terá vontade de desistir.

Vai imaginar, a cada obstáculo, e serão muitos, que talvez não tenha competência para seguir. Resista quando esse sentimento de impotência fustigar seus sonhos. Cada vez que superar um desses momentos, você fortalecerá ainda mais sua confiança. Vai criar a couraça tão necessária para enfrentar os desafios que terá pela frente.

Segundo: aprenda outros idiomas

Quando o palestrante perguntou quem ali falava outra língua além do português, menos de um décimo da plateia ergueu os braços. O CEO, talvez para não desanimar a turma, contemporizou: "Não se preocupem, pois ainda há tempo de suprir essa lacuna". Garanto, entretanto, que aquele que se acomodar e não aprender pelo menos mais duas línguas ficará para trás.

Só para você ter ideia, para preencher um pedido de emprego na nossa empresa, é preciso saber pelo menos mais uma língua. Levará vantagem aquele que souber mais duas. Talvez você me pergunte: mas essas línguas serão usadas nas funções a que estão se candidatando? Provavelmente não. É possível até que nunca precisem de nenhuma além do português. Só que a concorrência é tão grande que decidimos usar como regra de corte o conhecimento de línguas, pois quem já aprendeu outro idioma nessa fase da vida deve estar mais bem preparado, possuir melhor potencial.

Falando em línguas, domine o português e aprenda a falar em público. Não importa qual seja a atividade que você venha a abraçar, essa capacitação será essencial para o seu sucesso.

Terceiro: domine a tecnologia

Quem conhece e domina a computação? Nesse caso, o número de braços levantados já aumentou de forma considerável. O presidente complementou: "Ótimo! Vejo que muitos já estão nessa estrada. Aviso a você, todavia, que conhecer e dominar informática não é apenas saber usar as redes sociais. Portanto, aproveite esse passo importante que já deu para aprofundar cada vez mais seu conhecimento nessa área". Quanto menos depender da ajuda de outras pessoas, mais livre se sentirá. Por isso, saiba tudo sobre tecnologia, computadores, programas e aplicativos. Lembre-se de que cada atividade exige conhecimentos específicos da informática. Comece por aí. Em seguida vá alargando seus horizontes. Será um bom diferencial.

Quarto: estude sempre

Ao pedir que quem pretendia continuar estudando depois de concluir a faculdade levantasse a mão, apenas uma pequena parte do público se manifestou. Ele falou com seriedade: "Você deverá continuar estudando a vida toda. O que estiver aprendendo na faculdade hoje talvez esteja ultrapassado assim que deixar a escola. Por isso, reserve tempo para se preparar enquanto viver. Estude à noite, nos finais de semana, nas horas vagas".

Você deve estar pensando: mas e os momentos de lazer? Garanto que haverá tempo para tudo, basta que seja organizado e disciplinado. E mais, se você for apaixonado por alguma atividade, essa dedicação será prazerosa. Quem faz o que gosta jamais irá trabalhar um dia sequer na vida. Fará de sua existência um permanente momento de lazer.

Quinto: crie uma poderosa rede de relacionamento

Quem viver isolado reduzirá suas chances de sucesso. Comece desde já. Converse com as pessoas que estão ao seu lado e comece a se corresponder com elas. Troque ideias com os seus professores, pois quase todos são bem relacionados. Eles poderão ser a primeira porta para que seja indicado para algum tipo de trabalho. Sem contar que esses professores, quase sempre, se relacionam com profissionais das áreas em que você deseja atuar.

Sexto: participe

Trabalhe com afinco. Seja colaborador. Toda vez que tiver oportunidade, se ofereça para desempenhar algum tipo de tarefa. Esteja pronto para os trabalhos voluntários. Participe de todas as atividades que puder. Entre nos times de futebol, de voleibol, de basquete, atletismo; participe do coral, de concursos, de campanhas assistenciais, enfim, esteja envolvido no que puder participar. É preciso deixar de ser apenas um número na vida e se tornar conhecido. Será mais fácil ser lembrado assim.

Sétimo: seja honesto

Seja honesto nos mínimos detalhes. Nunca saia da linha. A conduta reta construirá uma reputação sólida e admirável. As pessoas e as organizações valorizam aqueles que se comportam com retidão e comprometimento. Agir com honestidade só trará vantagem. Ainda que seja só para a sua consciência.

Não cometa deslizes nem de brincadeira. Cuidado com o que postar nas redes sociais. Hoje a sua vida é vasculhada. O que você postou é público. E mais, daqui a dez ou vinte anos tudo o que você disser ou escrever agora ficará gravado. E sua conduta poderá ser julgada lá na frente pelos descuidos de hoje.

Oitavo: não faça fofoca

Se você falar mal de alguma pessoa ausente, aqueles que estão ao seu lado poderão imaginar que fará o mesmo quando eles estiverem distantes. Antes de fazer um comentário sobre alguém, pergunte a você mesmo: se essa pessoa estivesse aqui, participando desta conversa, eu faria o mesmo comentário? Se a resposta for não, guarde para você.

Nono: divida o tempo

Já disse que é preciso se dedicar com afinco às atividades profissionais e ao estudo, mas jamais se esqueça de reservar tempo para a família e o lazer. Estude, trabalhe, dê atenção aos familiares, aos amigos e tenha momentos de diversão. Esse equilíbrio será importante para que conquiste uma vida saudável.

Aqueles que só querem se divertir, curtir a vida sem nenhuma preocupação, precisam se lembrar de que um dia precisarão concorrer com outros que estão aproveitando o tempo para se preparar.

Décimo: Faça o que tiver vontade

Ouvir conselhos como estes que estou dando pode ajudar a encontrar um bom caminho, mas ficar atento ao que diz o seu coração será ainda mais significativo. Portanto, mesmo que contrarie tudo o que as pessoas digam para você fazer, esteja certo de que suas iniciativas o tornarão uma pessoa realizada. Pondere, reflita, avalie e, se concluir que deseja tomar determinado rumo só por preguiça, comodismo ou medo, resista, mude a forma de pensar e tome as decisões corretas.

Se você for jovem, releia cada uma dessas orientações profissionais. Se você for adulto, já com quilometragem na estrada, analise se seguiu esses passos e se poderia mudar alguma conduta em tempo ainda de ser mais bem-sucedido. Se tiver filhos, sobrinhos, conhecidos que estejam começando a carreira, sugira que ponderem sobre cada um desses pontos. Talvez seja uma ótima decisão trocar ideias com eles a respeito da vida profissional.

Conclusão

Pronto, você chegou ao final. Fez uma longa viagem pelas páginas deste livro. Quando resolveu enfrentar essa jornada, provavelmente tinha a expectativa de encontrar soluções para todos os seus problemas de comunicação. Na verdade, talvez nem tivesse consciência de suas próprias dificuldades, e pôde identificá-las à medida que a leitura foi progredindo. Esse é o processo de aprendizado que nos permite desenvolver a capacidade de nos comunicar. Em alguns momentos, talvez tenha precisado reler as lições recomendadas para que pudesse perceber bem os ensinamentos sugeridos. Encontrou em cada capítulo ora uma novidade, às vezes até surpreendente, que o fez refletir muito a respeito de como tem se comportado quando fala em público, ora, mais surpreso, lições que já põe em prática há muito tempo. Ouvimos com frequência este comentário: "Eu já conhecia essas informações, mas se não me chamassem a atenção para a sua importância, talvez nunca as colocasse em prática". O importante é que você tenha aprendido e possa utilizar essas aulas sempre que tiver de falar em público.

Só que a fase de aprendizado ainda não terminou. Podemos afirmar com boa dose de certeza que talvez nunca se encerre. A cada dia você poderá descobrir uma técnica mais adequada ao seu estilo de comunicação e um caminho mais rápido e seguro para atingir seus objetivos quando fala em público. Nossa experiência nos ensinou que uma leitura apenas nem sempre é suficiente. Para que você possa assimilar bem cada um dos ensinamentos, sugerimos que leia novamente, ainda com mais atenção, cada um dos capítulos. A segunda leitura deverá ser mais tranquila e prazerosa, já que não será assim uma grande novidade. Ficará feliz ao perceber que já domina agora muitos dos conceitos discutidos. Observe com cuidado cada uma das orientações, pondere se já está agindo da forma recomendada, se poderia fazer mudanças na sua maneira de se expressar, sempre com a finalidade de aprimorar ainda mais suas habilidades de comunicação. A cada nova leitura, você descobrirá pontos que talvez tenham passado despercebidos nas primeiras vezes.

Use o livro como fonte de consulta permanente. Todas as vezes que tiver de falar em público, faça uma rápida revisão para confirmar se está fazendo uso das técnicas adequadas. Desenvolva o hábito de ensaiar suas apresentações para praticar todas as técnicas. Repita o ensaio quantas vezes forem necessárias. Somente o exercício permanente e disciplinado permitirá que se transforme em um orador excepcional, em condições de se apresentar diante de qualquer plateia, falando de forma admirável.

Os autores

Referências

ARISTÓTELES. *Arte retórica e arte poética*. São Paulo: Tecnoprint, [s.d.].

BENJAMIN, Walter. *A obra de arte na era de sua reprodutibilidade técnica*. Tradução Gabriel Valladão Silva. Porto Alegre: L&PM, 2018.

BROWN, Brené. *Dare to lead*: brave work, tough conversations, whole hearts. New York: Random House, 2013.

CALDEIRA, Jorge. *Mauá*: empresário do império. São Paulo: Companhia das Letras, 1997.

CAMPOS, Humberto de. *O Brasil anedótico*, 2012. Disponível em: http://www.dominiopublico.gov.br/pesquisa/PesquisaObraForm.do. Acesso em: 23 out. 2020.

CARROLL, Lewis. *Aventuras de Alice no País das Maravilhas & Através do Espelho e o que Alice encontrou por lá*. Rio de Janeiro: Zahar, 2010. (Clássicos Zahar). e-Book.

CHIAVENATO, Idalberto. *Cartas a um jovem administrador*. Rio de Janeiro: Elsevier, 2008.

CORNELISSEN, Joep P. *Corporate Communication: A guide to theory and practice 6th edition*. Reino Unido: Sage, 2020.

DESCARTES, René. *Discurso do método*. São Paulo: Martins Fontes, 2001.

FAÏTA, Daniel. A noção de "gênero discursivo" em Bakhtin: uma mudança de paradigma. *In*: BRAIT, Beth (org.). *Bakhtin, dialogismo e construção do sentido*. Campinas: Unicamp, 1997.

FERREIRA, José Carlos. A surdez é uma das cinco prioridades da OMS para este século. *Jornal da USP*, São Paulo, 20 maio 2019.

GIKOVATE, Flávio. Disciplina e Educação. *Blog Juliow7*, 30 mar. 2000. Disponível em: https://juliow7.wordpress.com/2011/11/04/disciplina-e-educacao/. Acesso em: 22 out. 2020.

GUIDDENS, Anthony. *Modernidade e identidade*. Rio de Janeiro: Jorge Zahar Editor, 2002.

HERRERA, Carolina. O que faz uma mulher ser elegante, segundo Carolina Herrera. Entrevista concedida à Rafaela Fraga. *GZH*, Porto Alegre, 19 jul. 2019. Disponível em: https://gauchazh.clicrbs.com.br/donna/gente/noticia/2019/07/o-que-faz-uma-mulher-ser-elegante-segundo-carolina-herrera-cjya8e7to00sc01pbgeksh47v.html. Acesso em: 22 out. 2020.

KARLINS, Marvin; ABELSON, Herbert. *Persuasão*: como modificar opiniões e atitudes. Trad. Leda Maria Maia. Rio de Janeiro: Civilização Brasileira, 1971.

KORDA, Michael. *Power in the office*. Worthing, UK: The Littlehampton Book Services, 1976.

LISPECTOR, Clarice. Vergonha de viver. *In*: *Todas as crônicas*. Rio de Janeiro: Rocco, 2018.

MAETERLINCK, Maurice. *O tesouro dos humildes*. São Paulo: Pensamento, 1945.

MATURANA, Humberto. *A ontologia da realidade*. Belo Horizonte: Editora UFMG, 1999.

MURTA, José Guerreiro. *Como se aprende a conversar*. Lisboa: Augusto Sá da Costa & Cia., 1925.

POLITO, Rachel. *Superdicas para um Trabalho de Conclusão de Curso nota 10*. 2. ed. São Paulo: Benvirá, 2018.

POLITO, Rachel; POLITO, Reinaldo. *29 minutos para falar bem em público e conversar com desenvoltura*. Rio de Janeiro: Sextante, 2015.

POLITO, Rachel; POLITO, Reinaldo. *Oratória para líderes religiosos*. São Paulo: Academia, 2017.

POLITO, Reinaldo. *A influência da emoção do orador no processo de conquista dos ouvintes*. 4. ed. São Paulo: Saraiva, 2005.

POLITO, Reinaldo. *Assim é que se fala*. 29. ed. São Paulo: Benvirá, 2018.

POLITO, Reinaldo. *Como falar corretamente e sem inibições*. 112. ed. São Paulo: Benvirá, 2016.

POLITO, Reinaldo. *Como falar de improviso*. 13. ed. São Paulo: Benvirá, 2018.

POLITO, Reinaldo. *Oratória para advogados e estudantes de direito*. São Paulo. Saraiva, 2015.

POLITO, Reinaldo. Textos sobre comunicação, comportamento e carreira. *Portal UOL*, seção Economia, desde fevereiro de 2007.

POLITO, Reinaldo. *Vença o medo de falar em público*. 9. ed. São Paulo: Benvirá, 2018.

QUIROZ, Brenda. Carolina Herrera y sus frases más icónicas al cumplir 80 años. Wappa, 19 dez. 2019. Disponível em: https://wapa.pe/entretenimiento/1390846-carolina-herrera-cumplio-80-anos-queremos-recordar-iconicas-frases. Acesso em: 22 out. 2019.

REICH, Wilhelm. *Análise do caráter*. São Paulo: Martins Fontes, 1988.

ROSENBERG, Marshall B. *Comunicação não-violenta: técnicas para aprimorar relacionamentos pessoais e profissionais*. São Paulo: Ágora, 2006.

SEBALD, Hans. Limitações da Comunicação: mecanismos de retenção da imagem sob a forma de percepção, memória e distorção seletivas. *Journal of Communication*, n. 12, p. 142-149, 1962.

SHERMER, Michael. *Cérebro e crença*. São Paulo: JSN, 2012.

SILVA, Edson Miranda. Dicas de Gestão de Jack Welch. Disponível em: https://pmkb.com.br/uploads//dicas_de_gestao_de_jack_welch_tnx.pdf. Acesso em: 23 out. 2020.

THEODORO, Marlene. *A era do Eu S/A: em busca da imagem profissional de sucesso*. São Paulo: Saraiva, 2004.

TUBBS, Stewart L.; MOSS, Sylvia. *Human communication*. 5. ed. New York: Randon House, 1987.